CONTES DE BONNE HUMEUR

CHAMPFLEURY

LA
PETITE ROSE

DEUXIÈME ÉDITION

PARIS

E. DENTU, ÉDITEUR

LIBRAIRE DE LA SOCIÉTÉ DES GENS DE LETTRES

PALAIS-ROYAL, 15-17-19, GALERIE D'ORLÉANS

1877

Tous droits réservés.

LA

PETITE ROSE

LIBRAIRIE E. DENTU

DU MÊME AUTEUR

CONTES DE BONNE HUMEUR

Le Secret de M. Ladureau, 2ᵉ édit. 1 vol. gr. in-18........ 3 fr.
Sous-presse : Surtout, n'oublie pas ton parapluie. 1 vol. gr. in-18.

L'Hôtel des Commissaires-priseurs. 1 vol. gr. in-18........ 3 fr.
L'Avocat trouble-ménage, 2ᵉ édit. 1 vol. gr. in-18........ 3 fr.
Souvenirs et portraits de jeunesse. 1 vol. gr. in-18.... 3 fr. 50

Histoire de la Caricature antique, par CHAMPFLEURY. 2ᵉ édit. augmentée. 1 vol. illustré de 100 grav. et d'un frontispice en coul. 5 fr.

Histoire de la Caricature au moyen âge et sous la Renaissance, par CHAMPFLEURY. 2ᵉ édit. très-augmentée 1 vol. grand in-18 jésus illustré de 144 gravures et d'un frontispice en couleur...... 5 fr.

En préparation : **Histoire de la Caricature sous la Réforme, la Ligue,** etc..

Histoire de la Caricature sous la République, l'Empire et la Restauration, par CHAMPFLEURY. 2ᵉ édit. 1 vol gr. in-18 jésus, illustré de nombr. gravures et d'un frontispice en couleur... 5 fr.

Histoire de la Caricature moderne, par CHAMPFLEURY. 2ᵉ édit. 1 vol. illustré de nomb. gravures et d'un frontispice en couleur. 5 fr.

Histoire des Faïences patriotiques sous la Révolution, par CHAMPFLEURY. 3ᵉ édit. 1 vol. gr. in-18 jésus, avec 100 gravures et marques nouvelles................................... 5 fr.
    Il a été tiré un très-petit nombre d'exemplaires sur papier vergé de Hollande................................... 10 fr.

Histoire de l'Imagerie populaire, par CHAMPFLEURY. 1 vol. gr. in-18 orné de nombr. gravures........ .... 5 fr.

CHAPITRE PREMIER

CHAPITRE PREMIER

Il y eut rarement une féerie plus réussie que celle du *Pont du Diable*, qui fut représentée le 10 septembre de l'année 1843, au théâtre des Funambules. Chacun, parmi les connaisseurs du boulevard, s'accordait à déclarer que la direction avait luxueusement fait les choses. Décors et costumes nouveaux, trucs ingénieux, combats savamment réglés, s'emparaient des yeux et ne laissaient pas un instant de répit au public pendant les quelques heures que durait cette pantomime, due à l'imagination de deux célèbres auteurs de l'endroit, MM. Charles et Frédéric.

Surtout, ce qui acheva d'émerveiller les spectateurs, à l'apothéose, jaillirent d'énormes cascades d'eaux naturelles, traversées par des feux de Bengale éblouissants. Dans ces lumières féeriques apparaissait le cortége des dieux, descendus de l'Olympe pour assister au triomphe des jeunes amants, dont les épreuves étaient terminées. L'union de Colombine et d'Arlequin était célébrée avec une telle pompe, qu'à peine la toile baissée, le public voulait encore se repaître de ce beau spectacle, et rappelait à grands cris toute la troupe, sans penser que l'allumage de nouveaux feux de Bengale constituait une certaine dépense pour la direction.

Comment se trouva-t-il un soir un spectateur assez peu enthousiaste pour troubler la fin de la représentation? Un jeune homme osa se lever tout à coup de la première banquette de l'orchestre, au moment où l'apothéose lançait ses feux étincelants.

Le public était aussi serré que croyant; sortir pendant ce pathétique épisode, c'était témoigner à la fois une indifférence méprisante pour les magnificences de la mise en scène, et troubler les jouissances de braves gens qui n'avaient pas assez de leurs deux yeux pour les admirer.

Ce que le profane, qui avait à enjamber une succession de bancs, recueillit d'injures fut considérable. Entre les êtres tassés sur les banquettes de l'orchestre, une allumette eût trouvé place difficilement. Les honnêtes bourgeois du quartier, les marchandes du Temple, les familles accompagnées de leurs enfants qui ne voulaient pas perdre un reflet des pompes de la scène, se révoltèrent en voyant ce compas, qui déjà avait enjambé la seconde banquette.

Du troisième rang, le malencontreux personnage qui troublait les plaisirs du public, entendit :

— Vous ne pouvez donc pas attendre jusqu'à la fin, grand *feignant!*

— Eh! merlan, ne te gêne pas pour marcher sur ma robe, s'écria, au même rang, une grosse commère qui, pour vendre du poisson à la halle, avait pris certaines ressemblances avec un brochet.

L'intrus escalada d'un bond la quatrième banquette, dans la crainte d'être avalé par la harengère.

— En place, chapeau bas! commanda le cinquième rang au comble de l'irritation.

En ce moment, le jeune homme perdant

courage se demanda s'il ne ferait pas mieux, en effet, de retourner près de l'orchestre où tout à l'heure il occupait une place si agréable entre la clarinette et la contrebasse. Mais il n'était plus permis de reculer. Des mains vigoureuses se passaient l'inconvenant personnage, en rappelant à la politesse par des coups vigoureux le malheureux chapeau, victime des audaces de son possesseur.

Aveuglé, respirant à peine, le jeune homme, comme s'il était tombé dans la mer, perdit le sentiment de sa situation; il plongeait et surnageait à la fois, soulevé par de rudes bras qui lui faisaient faire la planche au-dessus d'un océan de vagues irritées. Aussi cette épave humaine n'arrivat-elle au port qu'après un certain nombre de horions reçus en divers endroits.

Jeté plutôt que déposé dans le corridor

par une dernière houle, le naufragé chercha d'abord à sortir sa tête de la coiffe de chapeau qui l'aveuglait. Par un reste d'habitude, plutôt que par la certitude d'arriver à un résultat satisfaisant, il passa la manche de son paletot sur les poils ébouriffés du feutre horriblement maltraité; puis le jeune homme fit mouvoir les diverses parties de son corps avec une vague appréhension que, le lendemain, des bleus pourraient bien résulter du contact avec les pointes de roches qu'en plongeant dans l'orchestre il avait rencontrées.

Toutefois, sans s'inquiéter plus longuement de ces accidents, le jeune homme enfila le corridor de sortie du théâtre et se dirigea précipitamment dans la direction de la rue des Fossés-du-Temple.

Ce quartier offrait à cette époque un aspect particulier que lui communiquaient les façades de derrière de divers théâtres étroitement accolés les uns aux autres. Longue et sinueuse, la rue des Fossés-du-Temple était bordée d'un côté par des hangars et des chantiers de bois, de l'autre, par d'irrégulières bâtisses percées d'un certain nombre de grandes et petites ouvertures : par les grandes s'effectuait le service de transport des décors; d'innombrables petites lumières trouaient les plus petites le soir; elles éclairaient les loges des comédiens ou plutôt des artistes, ce titre officiel étant consacré par des écriteaux au-dessus de portes borgnes où se lisait la magistrale qualification d'*entrée des artistes*.

Dans sa hâte le jeune homme, qui avait causé tant de scandale à l'orchestre des Funambules, tomba au milieu d'un groupe qui stationnait sur le trottoir, lançant de petits flocons de fumée. C'étaient les musiciens du Théâtre-Historique qui profitaient d'un dernier entr'acte pour se reposer de leurs coups d'archet de la soirée.

Un second groupe, à peu de distance, barrait le trottoir : les figurants du théâtre de la Gaîté prenaient l'air et surtout quelques rafraîchissements chez le marchand de vins d'en face, avant de changer de costumes pour la quatrième fois.

Après s'être orienté dans la rue mal éclairée, le jeune homme s'assura par les écriteaux qu'il n'était pas encore arrivé à la porte des Funambules; elle était particulièrement attirante par un parfum de miroton qui jetait sa note intense dans le concert des odeurs désastreuses s'échappant de chacun des théâtres voisins.

Que ceux qui ont été mordus par un premier amour déclarent s'ils ont été arrêtés par de si grossiers parfums! A la façon inquiète dont le jeune homme s'arrêta à la porte des comédiens, il était facile de voir qu'il était vivement épris de quelque beauté du lieu. Aussi fit-il sa station d'amoureux classique, les pieds dans la boue, regardant les étoiles, adossé contre le mur qui faisait face au théâtre.

Encore une fois, il voulait *la* voir, quoiqu'il l'eût dévorée des yeux pendant la représentation.

Après quelques minutes d'attente, le soupirant vit sortir du théâtre un premier groupe d'hommes portant divers objets à la main : c'étaient les musiciens qui, n'ayant pas à changer de vêtements, s'empressaient de quitter l'endroit où ils avaient râlé et soufflé dans leurs instruments pendant les deux heures de la pantomime, sans trêve ni relâche.

Le cor et la clarinette, qui avaient donné

un jeu considérable à leurs poumons, s'établirent chez un marchand de vins pour huiler leurs organes, en s'entretenant des beautés de la partition à laquelle ils avaient prêté leur concours; plus rangés, les violons et la contre-basse longèrent les trottoirs, désireux de regagner leur logis au plus vite.

Derrière les nombreuses fenêtres de la façade, de petites lueurs allaient et venaient comme si, d'une loge à l'autre, les comédiens se rendaient visite. L'amoureux, qui faisait le pied de grue, suivait l'agitation de ces lueurs, quoiqu'il ne s'intéressât véritablement qu'à une seule, la lumière de la loge de la Colombine.

Un second groupe sortit du théâtre : gens bruyants, en casquettes et en blouses blanches. Avec des organes de marchands de pommes et des inflexions de voix particulières aux hauteurs de Belleville, ils se prodiguaient de douces familiarités et déclaraient la représentation *chouette*.

Ces « voyous », racolés sur le boulevard à l'heure du spectacle, avaient été admis à l'honneur de figurer dans le *Pont du Diable;* en cette qualité, le costumier les avait revêtus de brillants pourpoints de seigneurs ou affublés de robes de moines, et, suivant les diverses péripéties de l'ouvrage, ils avaient porté tour à tour la coquille et le bourdon des pèlerins, ou la noble épée des potentats.

Une haute paye de cinq sous par tête leur étant allouée par l'administration, ils allaient la dépenser autour d'un billard crasseux, dans quelque cave des environs, autorisée à rester ouverte jusqu'à une heure du matin.

Toutefois, la mission des figurants n'était

pas encore terminée; rangés sur deux lignes aux abords de la porte du théâtre, ils ne défilèrent qu'après la sortie du célèbre mime de l'endroit, de Deburau, dont ils formaient volontairement la garde d'honneur. Groupés derrière lui et faisant sonner leurs cliquettes de bois, comme des tambours battant aux champs quand apparaît le chef de l'État, ils accompagnaient avec des *rra* et des *fla* Deburau jusqu'au faubourg du Temple.

Semblables à des feux follets, les petites lumières de l'intérieur du théâtre s'agitaient encore, mais avec moins d'animation. Quelques-unes s'éteignaient, et l'amoureux pensait : Elle va sortir!

La neige commença à tomber, une neige large et légère qui noyait sa blancheur dans les flaques de boue de la rue. Sur toute chose qui formait saillie une nappe blanche s'étendait, triste et lugubre, en harmonie avec la face blafarde de la lune.

L'amour seul peut triompher de la neige. Qu'importait la froide empreinte qu'elle laissait aux vêtements du jeune homme! Son cœur était protégé par une ouate douce et rose.

Le printemps est perpétuel pour les amoureux; en eux tout est vert, tout pousse, tout chante, et il ne leur semble pas un mois de tristesse celui pendant lequel la nature, pour mieux se reposer, s'enveloppe d'un linceul.

Un nouveau groupe d'hommes sortit du théâtre en relevant les collets de leurs paletots : ils maugréaient contre le temps et contre la répétition que le tableau d'un régisseur inflexible décrétait pour le lendemain à neuf heures du matin.

— Dans cette baraque, on ne laisse pas

aux gens le temps de dormir, dit une voix caverneuse que le jeune homme reconnut pour celle du farouche Spalatro, le traître assérmenté du théâtre.

D'autres voix lui répondirent; mais il était difficile d'associer le souvenir d'un organe quelconque à des acteurs mimant leur rôle dans les féeries où, à l'exception de la fée et du traître, la voix humaine n'était tolérée chez aucun comédien.

Peu à peu l'obscurité avait gagné le derrière de la façade du théâtre. Trois petites fenêtres seules restaient éclairées.

— Elle est là! se dit l'amoureux dont la pensée faisait effort pour traverser les murs et se fixait avec tant d'ardeur sur les trois dernières lueurs qu'il ne vit pas sortir un groupe de femmes, le châle formant mante sur la tête pour se protéger contre la neige.

Une à une les dernières clartés disparurent et le bâtiment rentra dans une morne obscurité. Les magnificences de la mise en scène du *Pont du Diable* faisaient paraître encore plus lugubres les murs à l'intérieur desquels s'était joué le drame.

— Elle va venir! pensa le jeune homme, ne quittant plus des yeux la porte de sortie.

Toutefois l'attente lui paraissait longue. Pourquoi la Colombine tardait-elle si longtemps à sortir du théâtre?

Des pas réguliers comme ceux d'une patrouille se firent entendre sur le trottoir. Le réverbère, contre le montant duquel le jeune homme s'abritait, piqueta d'un rayon lumineux des casques de cuivre. Les pompiers retournaient à leurs casernes.

Les pompiers! Les derniers qui quittent le théâtre après une inspection minutieuse de la salle! Il n'y avait plus d'espoir! Surtout un bruit de serrure et de verrous, tirés à l'intérieur de la porte d'entrée des artistes, annonça que tout désormais était clos dans le théâtre.

Tristement le jeune homme s'éloigna. Alors seulement il sentit le froid de la neige qui était entré en lui par la fissure de la désillusion.

Des légendes sont répandues dans le public qui entrevoit tout directeur de théâtre comme un Turc entouré d'un sérail. On se représente volontiers ces serviteurs des plaisirs du public prélevant une dîme sur la jeunesse et la candeur. Traînés dans des chars féeriques auxquels sont attelées des beautés piquantes, ils n'ont qu'à faire un signe : toutes les actrices tombent à leurs pieds. La nuit ce sont des soupers bruyants, pendant lesquels coule à flots le champagne versé par des Hébé empressées de servir leur directeur et maître.

— Elle n'est pas sortie! se dit mélancoliquement l'amoureux.

Il en conclut que la Colombine, jouissant de priviléges particuliers, était partie par la porte de communication qui, du théâtre, va dans la salle, porte aussi fermée pour les comédiens que l'est l'entrée des coulisses pour le public.

A cette heure, la petite Rose devait être en train de souper en tête à tête avec le directeur des Funambules.

L'amoureux prit le chemin du Faubourg-du-Temple, dans la direction de la maison Passoir. C'était à cette époque le restaurant fameux de ces parages, une sorte de café Anglais à l'usage des comédiens des nombreux théâtres voisins.

Colombine devait souper chez Passoir!

Les portes de l'illustre Passoir étaient aussi closes que celles des Funambules.

Pas une fenêtre illuminée! pas un cabinet particulier laissant filtrer d'indiscrètes lueurs!

Que faire, que faire? Ce sont les questions que se posent la nuit les amoureux, questions grosses de troubles et d'anxiétés, qui affaissent les oreillers et rendent la couche brûlante.

Ce fut alors que Francis eut des remords sur sa conduite pendant la représentation; il en avait troublé la fin en pure perte.

Si la Colombine l'avait vu se lever et déranger les spectateurs pendant les splendeurs de l'apothéose, n'y avait-il pas de quoi l'indisposer à jamais contre un être assez peu connaisseur pour témoigner un tel mépris de pareilles magnificences dramatiques?

Elle était si charmante, la petite Rose, à cet instant suprême!

A un signal du bâton de la fée, le costume des pérégrinations de la Colombine pendant la durée du drame faisait place à une jupe de gaze transparente, semée d'argent, qui étincelait comme des diamants et laissait à découvert d'admirables jambes emprisonnées dans un maillot rose. Des rubans cerise, à la coiffure de la petite Rose, ne parvenaient pas à faire pâlir ses lèvres qui appelaient sans cesse les baisers d'Arlequin.

Qu'elle était jolie et qu'elle avait l'air bon !

Dans cette encoignure où, depuis un mois, tapi derrière les musiciens de l'orchestre, Francis admirait sans en être rassasié les péripéties du *Pont du Diable*, les yeux de la Colombine s'étaient arrêtés parfois sur lui. L'amoureux espérait avoir été remarqué comme un tableau accroché à la même place pendant des années sur le même mur, comme un meuble qu'on ne dérange point d'un appartement. Et le tableau avait quitté son clou, le meuble son coin avant que la représentation ne fût terminée! Un crime pour un homme qui avait à cœur de se faire regarder comme un initié, un dilettante du drame mimé.

Francis se dit, pour sa décharge, que l'attention profonde que commandait à Colombine son union avec Arlequin, pouvait l'avoir empêchée de remarquer son départ.

A demi courbée, elle recevait la bénédiction de la bonne fée qui agitait cabalistiquement trois fois sa baguette au-dessus de la tête des deux amants. La fée disparaissait, et Colombine, en compagnie de son amant, montait dans le char de Jupiter, traîné par trois hippogriffes; mais du haut de ce char, alors qu'il s'arrêtait aux frises pour permettre au public de savourer l'heureux sort réservé aux deux amants dans l'Olympe, l'actrice n'avait-elle pas dû remarquer l'infidélité de l'habitué de l'orchestre?

Comment se justifier? Si Francis eût rencontré Colombine au sortir du théâtre, il lui eût expliqué qu'au péril de ses jours il avait traversé le dangereux détroit de l'orchestre pour la complimenter sur son talent, sur sa beauté. Folle utopie! Dans son for intérieur, Francis savait bien qu'il n'était pas doué d'une telle audace, qu'aucune force humaine ne parviendrait à faire qu'il se présentât de la sorte, que sa passion était enfermée à triple tour dans son cœur, et qu'avant que sa bouche pût exprimer de si intimes sensations, de nombreux jours, de nombreuses nuits devaient se passer en réflexions et en projets aussi vite renversés que conçus.

Écrire à la Colombine! A la bonne heure! Il est si commode de se justifier par lettre.

Ce sont de ces pensées qui mettent en feu le cerveau des amoureux, tourmentent leur corps et achèvent l'effondrement des lits. D'un bond, Francis courut à la table et s'empara d'une plume.

« *Mademoiselle*, écrivait l'étudiant, *par-*
» *donnerez-vous à un admirateur de votre*
» *talent, de n'avoir pu vous rappeler*
» *hier, alors que le rideau allait bais-*
» *ser?* »

Francis eût voulu expliquer dans quel but il était sorti précipitamment du théâtre; mais cette audace, que rien ne justifiait, d'avoir attendu la sortie de l'actrice, fut immédiatement noyée dans une succession de ratures. En vertu de quel privilége était-il permis à l'étudiant de s'attacher aux pas de Rose, qui n'avait donné d'autres gages à l'amoureux que des regards tombés dans l'orchestre, peut-être par hasard? Non, il n'était pas possible d'entrer dans ce courant d'idées.

La Colombine pouvait s'en scandaliser tout d'abord, et rompre une première maille si laborieusement tissée.

« *Je vous applaudis tous les soirs, made-*
» *moiselle,* continua Francis; *de jour en*
» *jour je veux vous applaudir davantage. Il*
» *a fallu un événement étranger à ma vo-*
» *lonté pour me faire quitter le théâtre*
» *sans assister au dénoûment de la panto-*
» *mime.* »

— Elle pensera, se dit Francis, qu'on m'attendait dans ma famille, que j'étais engagé à quelque soirée.

L'amoureux posa son front brûlant dans ses mains :

— Et elle se dira, soupira-t-il, que je devais rester à mon poste et lui sacrifier devoirs et plaisirs.

« *Mais, à partir de ce jour*, reprit Fran-
» cis, *je fais le serment qu'aucun pouvoir*
» *au monde ne me fera quitter ma place*
» *avant que le rideau ne soit tombé. Au*
» *dernier moment, vous entendrez ma voix*
» *vous applaudir; croyez-en, mademoiselle,*
» *le plus fidèle et le plus dévoué de vos*
» *admirateurs.* »

— Au moins, se dit Francis, s'applaudis-
sant de la délicate contexture de ce billet,
il ne contient pas un mot d'amour.

Et il relut la lettre plusieurs fois, en pe-
sant chaque terme dans les balances mys-
térieuses de la réflexion.

L'aube surprit l'amoureux à sa table, le
cœur satisfait des premiers jalons plantés
avec une si prodigieuse adresse.

CHAPITRE II

CHAPITRE II

— Gare à la claque! s'écria le régisseur.

A ce signal, divers messieurs, parant du coude leur figure, reçurent un soufflet bruyant sur la main et le renvoyèrent, par le même système, à leurs voisins.

— Ça ne marche pas suffisamment, recommençons, dit le régisseur.

Un étranger aux « cascades » de la pantomime eût été profondément étonné des exercices singuliers auxquels se livraient à neuf heures du matin, sur les planches des Funambules, d'honnêtes gens en paletot qui, gravement, recevaient des soufflets et les rendaient non moins flegmatiquement.

Tous ces êtres qui se trémoussaient à froid, esquissaient des gestes, grimpaient d'une façon idéale en indiquant qu'à tel moment ils devaient escalader des balcons, sauter par-dessus la tête des uns, renverser les autres, faire la conversation à l'aide de violents coups de bâton auxquels répondaient de non moins énormes coups de pied, tous ces gens, au premier abord, pouvaient paraître se livrer à de violents exercices gymnastiques ou agiter leurs membres pour en chasser le froid.

— A toi, Rose! reprit le régisseur en s'adressant à la Colombine, qui, dans le fond du théâtre, posait la main sur l'épaule d'une sorte de gnome noir et velu. Aussitôt la claque, tu dois traverser chaque groupe avec Cossart, et tu restes au fond de la scène! A quoi penses-tu?

La petite Rose pensait à la lettre de Francis, qu'elle avait trouvée dans la loge du concierge en venant à la répétition. Cette lecture la troublait.

Comment pouvait-elle excuser un spectateur qu'elle ne connaissait pas, d'être sorti du théâtre la veille avant la fin de la représentation?

Que voulait-il? que demandait-il?

Pas trace de déclaration dans le petit billet. Un simple hommage d'admiration. Cet hommage discret ne cachait-il rien autre chose? Autant de points délicats que la petite Rose ne pouvait soumettre au régisseur.

On entendit alors dans la coulisse la chanson classique de Polichinelle.

— Un moment, Montrésor, dit le régisseur. Mes enfants, la claque est à peu près réglée. Aussitôt après se fait entendre la pratique de Montrésor. Il entre ; chacun va au-devant de lui... Laplace en tête... Montrésor se jette sur Laplace pour lui donner l'accolade... Laplace tombe, et à sa suite tous les personnages en scène... C'est à ce moment que Cossart et Rose font le tour de chaque personnage tombé et manifestent une joie sans égale en dansant... Nous allons exécuter ce mouvement... Dupré, la ritournelle.

Le chef d'orchestre, assis dans un coin de la scène, près de la rampe, assujettit son violon sous le menton et recommença son air suivant l'indication du régisseur.

— Plus vivement, la claque ! Rrrrran ! Comme un feu de peloton. Bien... La chanson de Montrésor... Allons, Laplace, que

chacun tombe en mesure... A toi, Cossart!
Vivement, Rose... Écoute-moi, ma petite...
Le livret porte qu'après la cascade Colombine manifeste une joie sans égale... Tu es triste; on dirait que tu plains les gens renversés par Polichinelle... Il faut sourire, ma chère... Plus encore. Une Colombine ne doit pas être mélancolique... Tu aimes Arlequin, n'est-il pas vrai? Cossart, par ses gestes, témoigne qu'il paye ton attention de retour... Vous êtes heureux d'échapper à tant de dangers... Sois donc gaie, nous ne jouons pas le drame.

La petite Rose sourit comme le régisseur le lui ordonnait. Peut-être dut-elle à ce sourire de commande de voir la lettre sous un nouvel aspect. L'actrice avait été remarquée, applaudie pour ses talents. Les juives de la plus basse condition font preuve, dans le monde des théâtres qu'elles peuplent, d'un sentiment artistique qui arrive parfois à dominer la coquetterie féminine. Dans ce méchant « boui-boui » dont les gens du peuple étaient les principaux spectateurs, un esprit délicat avait remarqué la tenue de Rose sur les planches.

L'épisode dramatique auquel elle venait de prêter son concours était terminé. La Colombine se dirigea vers une coulisse, contre le portant de laquelle tricotait, à la lueur d'un mauvais quinquet, la fée qui, tous les soirs, bénissait ses amours.

— Madame Lefèvre, lui dit-elle, j'ai reçu une singulière lettre.

— Un billet doux! s'écria la fée en regardant attentivement la petite Rose.

— Oh! non, fit la Colombine avec un accent particulier... Cependant je vous serai bien obligée de me donner un conseil.

— Volontiers, mon enfant... C'est que je

m'y connais, dit la fée en interrompant son tricot... En ai-je reçu de ces billets avant mon mariage avec Lefèvre!

— Surtout n'en parlez pas, reprit Rose en lui donnant la lettre.

S'étant levée pour s'approcher du quinquet, madame Lefèvre, en personne expérimentée, jeta d'abord un coup d'œil sur l'ensemble de la lettre.

— Il s'appelle Francis, dit-elle. Un joli nom... Mais je ne vois pas où ce jeune homme veut en venir.

— Il est jeune? s'écria Rose. Vous le connaissez?

— La lettre indique de la jeunesse... Veux-tu que je te dise mon sentiment?

— Oui, fit la Colombine.

— Eh bien, à la suite de ce billet, tu dois en recevoir un certain nombre.

— Ah! s'écria la petite Rose avec un accent joyeux.

— Ce jeune homme est bien élevé... Il met des formes avant de s'expliquer... D'ailleurs l'explication dépendra de toi...

— Mais je ne connais pas M. Francis.

— Tu le connaîtras plus tôt que tu ne le crois... Peut-être ce soir.

— Ce soir! s'écria la Colombine anxieuse.

— Nécessairement. Il viendra au théâtre se rendre compte de l'effet de son billet... Je les connais, les jeunes gens, et je le vois d'ici, ton petit Francis... Ce soir, je m'arrangerai pour arriver de bonne heure... Je te le montrerai...

— Que vous êtes bonne, madame Lefèvre!

— J'ai été jeune comme toi, ma petite Rose, et j'aime la jeunesse et les amours. Quand vous m'aurez montré M. Francis, demanda la Colombine, que faudra-t-il faire?

— Si tu étais une autre femme, je te dirais de ne pas lui donner trop d'espérances... Je te recommande seulement, en entrant en scène, de jeter un coup d'œil sur lui et de recommencer à l'apothéose pour lui montrer que tu l'as deviné... Cela suffit pour une première entrevue... Faisons durer cette amourette... il n'y a rien de plus joli.

— A toi, Lefèvre! cria le régisseur.

— Ce que c'est que l'amour! tu me fais oublier le combat, dit la fée en courant en scène où elle se mit en garde.

— Un bon coup de sabre... Une, deux, une, deux, dit le régisseur qui marquait la mesure avec un gros gourdin... Regarde bien en face Spalatro... Traverse... Une, deux... Mes enfants, appuyez sur le cliquetis des sabres, ça fait toujours plaisir... Spalatro tombe... Il se défend encore... Une, deux, trois, quatre... En cadence, s'il vous plaît... Toc, toc, toc, toc... Spalatro prend sa hache... Une, deux, au-dessus de la tête de Lefèvre...

Il n'est pas de personnage qui se prenne plus au sérieux que le régisseur chargé de la mise en scène. Ses commandements sont illimités, les obéissances qu'il exige sont sans appel.

M. Charles, jouissant de pouvoirs illimités au théâtre des Funambules, était un des plus croyants dans les fonctions de la régie. Tour à tour, pendant la répétition, mime, danseur, personnage grave ou comique, il mimait, dansait, prenait des attitudes triomphantes ou des allures grotesques suivant les besoins.

— Vois-tu, reprit-il en s'adressant à madame Lefèvre, tu te dégages, ma petite,

et tu te cambres... Rien de plus gracieux...
Eh bien, le tremolo, à l'orchestre, je ne l'entends pas... L'engagement à l'arme blanche ne peut continuer sur un air de polka... Dupré, tu couperas quinze bonnes mesures pour arriver plus vite au tremolo...

Cette fin de répétition sembla longue à Rose qui ne pensait qu'à Francis. La consultation de madame Lefèvre lui prouvait que sous couleur de se préoccuper de ses succès dramatiques, le jeune homme s'intéressait certainement autant à la femme qu'à l'actrice.

En revenant, la Colombine s'arrêta plus d'une fois devant les boutiques de bijoutiers du boulevard du Temple : elle regardait d'un œil d'envie les parures de corail qui piquetaient de rouge la montre.

La petite Rose était blonde; sa peau blanche annelait le corail à son cou, à ses oreilles, à ses bras. Elle eût voulu se faire belle pour *lui* dès le soir même. Mais ses appointements s'y refusaient.

Avec sept francs cinquante centimes par semaine, il était difficile d'acheter une de ces parures triomphantes qui devaient relever sa beauté. Et encore, sur sa paye, la pauvre fille abandonnait-elle vingt francs par mois à sa mère pour son entretien.

CHAPITRE III

CHAPITRE III

Le soir arrivé, Rose se dirigea vers le théâtre plus tôt que d'habitude, quoique son service ne l'y appelât qu'à neuf heures.

Le public n'était pas encore admis à franchir les portes du sanctuaire, et, malgré le légitime succès du *Pont du Diable,* il n'y avait à la queue que les apprentis du quartier; les délicats dînant avec un paquet de pommes de terre frites, les moins sensuels avec des pommes crues. Entre les clairevoies destinées à guider le public jusqu'au guichet, on ne voyait que des casquettes et les bonnets de papier des « singes » des imprimeries voisines.

Francis ne pouvait appartenir à ce groupe. Qui sait s'il n'arriverait pas au théâtre en voiture?

Rose jugea inutile de se faire remarquer aux environs du théâtre, et elle descendit vers la rue des Fossés-du-Temple, mais lentement, bien lentement. Il fallait donner à madame Lefèvre le temps d'arriver.

Rose avait soif d'entendre les paroles encourageantes de la femme qui remplissait vis-à-vis d'elle, dans la vie, le même rôle qu'au théâtre, c'est-à-dire toujours armée de sa baguette protectrice.

Personne, parmi ses camarades, n'ignorait que madame Lefèvre exerçait la profession de piqueuse de bottines, un métier qui d'habitude n'exige pas de qualités héroïques. Par sa vaillance dans les combats, par la grande tournure que lui imprimait une splendide robe de velours noir, l'actrice conservait un reflet de bravoure, de décision qui ne la quittait pas dans ses humbles occupations.

Les rôles qu'elle remplissait, et qui déterminaient la mort inévitable du traître en même temps que le triomphe des êtres vertueux, avaient communiqué à la brave femme une haute idée du sacerdoce qu'elle exerçait tous les soirs. Fidèle aux saines traditions de l'art mimé, toujours prête à affronter les dangers de rencontres meurtrières avec le farouche Spalatro ou le terrible Brancadoro, madame Lefèvre conservait dans le commerce de la vie habituelle le regard dramatique, résolu, qui entre au plus profond des méchants et déjà traverse leur âme.

C'était avec un sourire d'une ineffable tendresse que, depuis dix-sept ans, la fée annonçait aux amants, par un noble tournoiement de baguette, l'heureuse terminaison de leurs épreuves. Aussi le directeur, se rendant compte de l'impossibilité de remplacer une actrice douée de telles qualités, l'avait-il attachée à son théâtre par des chaînes d'or. Madame Lefèvre touchait une paye exceptionnelle de neuf francs par semaine.

A sept heures et demie, Rose grimpait le noir escalier des artistes, espérant jeter, avant l'arrivée de sa protectrice, un coup d'œil furtif dans la salle; mais déjà le vaudeville était commencé, une pièce à poudre appartenant au genre ingénieux, dit *régence*, mis à la mode par M. Ancelot.

— Bonjour, petite, fit un des auteurs en lui prenant la taille.

— Laissez-moi, monsieur, je vous prie, dit Rose, à qui ces familiarités n'avaient jamais plu.

Ce jour-là, elles lui parurent particulièrement désagréables.

— Si Francis me voyait!... pensa-t-elle.

Elle se dirigea vers la première coulisse pour apercevoir la salle; mais les abords étaient occupés par les pompiers de service qui semblaient prendre un vif intérêt aux galanteries de la Régence, quoique dénaturées par les imitateurs de M. Ancelot.

La représentation de cet ouvrage, fortement égayée par les interruptions des « titis » du paradis, que leur éducation ne portait pas à admirer le marivaudage, parut mortellement longue à Rose; elle avait soif de parler à quelqu'un de ce qui emplissait son esprit. Heureusement, madame Lefèvre arriva, qui vint la rejoindre :

— Eh bien? dit-elle.

Rose la regarda comme une messagère des dieux apportant la bonne nouvelle.

— Encore un instant, ma petite, dit madame Lefèvre compatissant aux regards chargés de tant de questions.

La toile tomba et les deux actrices se précipitèrent vers le rideau où, pendant quelques minutes, elles suivirent les allées et venues du public qui n'était pas nombreux. Le vaudeville régence, malgré son beau titre de *Noblesse oblige*, n'avait attiré que de rares spectateurs.

— Il viendra certainement plus tard, dit madame Lefèvre à Rose. Va t'habiller pendant qu'on jouera *la Fabrique*, et tiens-toi prête aussitôt que le rideau sera baissé.

Rose monta à sa loge en soupirant. Elle

ne trouvait pas son admirateur assez empressé. Cela ne l'empêcha pas de veiller à sa toilette avec plus de soins que d'habitude.

La loge de la Colombine était formée par un renfoncement séparé du corridor par un paravent décoré d'affiches de théâtre. Cinq pieds carrés à peine qu'il fallait partager encore avec deux petites danseuses faisant l'office de coryphées dans les pantomimes. Une tablette pour les onguents servant à la figure et aux mains, une chandelle fichée dans un goulot de bouteille, un morceau de miroir cassé accroché au-dessus de la tablette, constituaient tout le cabinet de Rose. Et il fallait sortir de cet endroit en costume irréprochable! Il est vrai que le surplus du costume était ajusté dans l'atelier du coiffeur, qui y donnait le dernier coup et sauvait, par l'adjonction d'un ruban autant que par la délicatesse de son tour de main, ce que l'exiguïté de la loge avait pu laisser de défectueux.

— Mon petit Alfred, dit Rose en confiant sa tête au perruquier, je n'étais pas bien coiffée hier.

Le petit Alfred, à peine âgé de soixante ans et qui avait la mine de pomme cuite particulière à la plupart des gens qui ont trop mûri sur les planches, parut sensible à ce reproche.

— Garçon, s'écria-t-il avec une voix de perroquet, un flacon d'huile de Macassar, à quinze francs, pour mademoiselle Rose... Ma poule, attends qu'on la distille, tu vas être servie immédiatement... *Ah! tu me le payeras, Nicolas!*

Et le petit Alfred se laissa aller à une joie immense provoquée par la quantité d'esprit qui s'échappait de son être.

— Sois gentil, mon petit Alfred, dit Rose; je trouve que mes cheveux ne forment pas assez touffe sous mon chapeau.

— *Mon capitaine, tu seras content!* chanta le petit Alfred, nourri du répertoire des meilleurs ponts-neufs de vaudevilles. *Gnouf! gnouf! gnouf!* fit-il en imitant le tic d'un célèbre bouffon du boulevard et en mélangeant son imitation de flocons de farine dont il inondait la chevelure de sa cliente... Tiens, perlinpinpin, en voilà de la poudre... A qui le tour? Messieurs de la figuration, je suis à vos ordres... *Approchez, chevaliers!*

On procédait méthodiquement aux Funambules, pour ne pas perdre de temps. Tous les acteurs destinés à recouvrir leurs chefs de perruques, s'avançaient après avoir décroché du mur leurs tignasses respectives, reconnaissables à un chiffre collé dans la coiffe. Ils passaient successivement sur la chaise, enveloppant leur cou d'une serviette, et ne quittaient la place qu'avec un œil de poudre triomphant.

Avec les figurants, le petit Alfred quittait le ton de la plaisanterie et devenait particulièrement autoritaire.

— Je t'ai déjà fait observer, dit le coiffeur en s'adressant à un des galopins ramassés sur le boulevard, que l'administration défend expressément de garder sa cravate en scène. Est-ce que les seigneurs de l'ancien temps portaient des foulards jaunes? Allons, enlève-moi ce chiffon... et plus vite que ça.

Ayant procédé à une inspection minutieuse des figurants :

— Maintenant, Rose, dit le petit Alfred, je me mets à tes pieds.

— Passe-moi un peu de craie sur la

couture du maillot, près de la bottine.

— Voilà, ma Rose parfumée... Ah! si j'avais seulement dix années de moins, s'écria le petit Alfred, j'oserais te dire que tu es la perle des Funambules.

— Mon chapeau est-il bien attaché? demanda Rose, qui avait plus soif de s'échapper que d'entendre les compliments du vieux perruquier.

— Mieux attaché que ton cœur, dit le petit Alfred en contemplant, avec des attitudes de maître de danse, la jolie créature qui venait de sortir de ses mains.

Pour se soustraire à ces galanteries, Rose descendit sur le théâtre. Le vaudeville populaire qui succédait à la comédie régence touchait à sa fin. Une cloche tintait, mise en branle par le régisseur. C'était l'instant où l'honnête Derval, patron de la manufacture, adressait un discours bien senti aux ivrognes qui avaient tenté de débaucher les bons ouvriers de leurs ateliers. Toutefois la conclusion de cet ouvrage moral ne produisait pas l'effet que les auteurs avaient attendu. L'honnête Derval, malgré ses cheveux blancs et ses habits noirs de ministre protestant, était régulièrement hué par les enragés garnements qui faisaient loi dans ce théâtre; mais les deux pièces d'un genre si opposé, celle qui peignait les mœurs des marquis de la Régence et celle qui entreprenait de moraliser les apprentis du quartier, n'étaient que des hors-d'œuvre pour faire prendre patience au public, avant que ne fussent étalées à ses yeux les merveilles de la pantomime.

A ce moment suprême était baissé un rideau de manœuvre, représentant les incarnations de Pierrot, l'acteur favori de l'endroit. On le voyait sous différents costumes, étalant complaisamment ses vices : la gourmandise, la luxure, la friponnerie ; se montrant à la fois *savattier* agile, bâtonniste incomparable, se mêlant à tout, goûtant de toutes les cuisines, prélevant une dîme seigneuriale sur les beautés les plus piquantes, « tombant » tous les personnages comme le plus fort lutteur, roulant Cassandre, envoyant le beau Léandre dans les espaces à la faveur d'un coup de pied, et traitant les juges et les baillis avec non moins de sans gêne.

La descente du rideau de manœuvre commandait aussitôt l'attention. C'était alors seulement que le véritable spectacle commençait pour les habitués. Ce qui se dépensait dans ce dernier entr'acte de cris, de huées, de grivoiseries, avant qu'un silence absolu ne régnât dans la salle, était considérable. Un être assez peu délicat pour imiter le cri d'un animal pendant la pantomime eût été honteusement jeté à la porte par ses voisins. Le silence de la voix sur la scène commandait le silence aux plus turbulents perturbateurs. Un courant particulier, s'échappant de la scène, semblait porter sur ses ailes un mutisme particulier, comparable au recueillement de paysans bretons assistant à la représentation d'un mystère.

L'attente de cette solennité provoquait les dernières interpellations bruyantes entre les spectateurs, pendant que le marchand de programmes annonçait, pour le prix modique d'un sou, la feuille explicative contenant les détails du *Pont du Diable.* Le vendeur d'oranges et de sucres de pomme arpentait une dernière fois les banquettes, profitant de ce que le public n'était pas encore tassé pour offrir ses rafraîchissements.

La biographie de « Monsieur Deburau » était criée dans tous les coins de la salle, pour les amateurs qui désireraient joindre le portrait et la vie du mime au livret de la pièce en vogue.

Ce fut ce moment que Rose et madame Lefèvre saisirent pour inspecter la salle. La Colombine allait donc voir Francis. Quoique séparée du public par le rideau, ce ne fut pas sans émotion que la petite Rose posa un doigt dans le trou de la toile pour en arrêter les ondulations et permettre à ses yeux de s'y fixer comme dans le cadre d'une lorgnette.

— Gare aux jambes! cria le régisseur qui, un arrosoir à la main, répandait de l'eau sur les planches de la scène pour en chasser la poussière qu'y avaient accumulée les acteurs du vaudeville précédent.

Rose envoya un coup d'œil de dépit au

malencontreux régisseur qui la troublait dans son poste d'observation. Pour que ses bottines de satin rose ne fussent pas mouillées par ce désagréable arrosoir, elle se rejeta dans le fond du théâtre avec madame Lefèvre, dont la traîne de la robe de velours devait être également protégée.

— Ce Charles est impatientant avec sa propreté, dit Rose.

Le régisseur avait à peine terminé son arrosage que les deux actrices reprirent leur poste. La Colombine quitta l'œil de la toile, ne distinguant pas celui qu'elle cherchait dans la foule.

— Le voyez-vous? demanda-t-elle à madame Lefèvre.

— Un instant. Presque tous les spectateurs ont le dos tourné.

Une cloche se fit entendre à l'intérieur des coulisses.

— Déjà ! s'écria Rose.

— Patience, mon enfant, nous avons encore cinq minutes, dit madame Lefèvre... Ah ! un jeune homme entre dans l'avant-scène.

— Voyons, dit la Colombine qui se précipita à son observatoire.

— Il est avec une femme.

— Ce n'est pas lui, fit Rose qui envoya un regard peu favorable aux élégants spectateurs qui, dans ce petit théâtre, venaient chercher une sorte de divertissement semblable à celui de la descente de la Courtille.

Avant de prendre place sur les banquettes de l'avant-scène, l'élégant cavalier et sa compagne se débarrassaient avec étalage de leurs par dessus, de leurs manteaux et de leurs foulards ; ils eurent l'imprudence de pencher le corps en avant de la loge pour se donner le spectacle du « paradis » vraiment curieux, où les anges entassés grignotaient quelque chausson aux pommes ou quelque morceau de galette.

— Avez-vous bientôt fini de vous déshabiller, là-bas? crièrent les anges qui avaient conservé certaines traces de parenté avec les démons.

Puis ils commandèrent aux nouveaux arrivés de s'asseoir, échangèrent des paris sur les embrassades que l'élégant cavalier devait à sa compagne, le tout accompagné de huées, de cris dont Milton eût pu faire son profit pour le *Paradis perdu*.

— Il doit être à l'orchestre, dit madame Lefèvre en faisant remarquer à Rose que les loges de la première galerie étaient généralement occupées par des « sociétés » bourgeoises et cossues.

Un second coup de cloche retentit derrière la scène.

— Déjà! s'écria la Colombine anxieuse.

Encore quelques secondes et le régisseur allait apparaître avec son bâton pour frapper les trois coups solennels.

Sur ces entrefaites arriva l'Arlequin se ployant et se cambrant pour donner de la flexibilité à ses membres.

— Bonjour, petite Rose, dit-il en lui caressant la nuque du bout de sa latte.

En même temps, Cossart accrochait à un portant de coulisse son masque d'arlequin.

— Je monte à ma loge, dit-il; la boucle de ma ceinture a besoin d'un point.

— Le voyez-vous? demanda Rose à la fée.

— Dans une minute tout le monde sera assis.

Mais la cloche qui retentit pour la troisième fois annonça à la pauvre fille que madame Lefèvre n'aurait pas le temps de mener ses observations à bonne fin.

Dans cet état d'inquiétude, sans se rendre compte de son audace, Rose s'empara du masque d'Arlequin et l'accrocha dans un endroit ombreux, où personne ne pouvait l'apercevoir.

— En place, en place! cria le régisseur armé de son gourdin. Les artistes en scène! Rose, Lefèvre... Eh bien, où est Cossart?

— Il est monté à sa loge, dit Rose.

Le régisseur héla dans la coulisse :

— Cossart! vite, on t'attend.

— Je descends, cria l'Arlequin.

Fort de cette assertion, le régisseur frappa les trois coups solennels qui annonçaient aux curieux que l'heure était venue d'ouvrir leurs oreilles pour recueillir les mélodies de l'ouverture.

Sur le commandement du chef d'orchestre, les musiciens partirent au petit pas de leurs instruments, ne voulant pas dépenser dans de premiers efforts tout le souffle que, pendant plus de deux heures, la pantomime réclamait de leurs poumons.

Seules, Rose et madame Lefèvre restèrent à leur poste, étant en scène avec l'Arlequin dès le lever du rideau.

Cossart apparut sur les planches et se dirigea en frétillant vers la coulisse pour reprendre son masque. A son grand étonnement, il ne le trouva pas.

— Mon masque! s'écria-t-il. Charles, mon masque!

L'affairé régisseur, qu'on invoquait en tous lieux, sortit avec des yeux extraordinaires du dessous du théâtre où il se rendait pour voir, par la porte de la communication avec la salle, si les spectateurs étaient correctement tassés.

— Ton masque? dit-il avec stupéfaction. Eh bien?

— Là, là, il était là, reprit l'Arlequin aussi irrité que son supérieur.

— Qui est-ce qui a pris le masque de Cossart? demanda le régisseur en s'adressant aux figurants et aux gens de service qui encombraient les coulisses.

L'Arlequin rôdait sur le théâtre, abattu et sans frétiller.

— Jean, cria le régisseur au machiniste, surtout ne lève pas le rideau.

Deburau apparut au bas de l'escalier, les traits graves et fins, comme ceux d'un éphèbe antique.

— As-tu vu le masque de Cossart? demanda le régisseur au mime.

Les témoins de cette scène jouirent alors

d'une de ces expressions de profonde surprise que, malgré son art, Deburau eût été incapable de rendre de nouveau pour le public.

— Le masque à Cossart ! s'écria d'une voix grêle et railleuse ce grand corps dont les lignes délicates offraient un contraste si particulier avec les scènes grotesques auxquelles il était mêlé.

— Voyons, mon vieux, pas de bêtises, dit l'Arlequin à Deburau en procédant par insinuation.

Le mime eut un de ses sourires, qui donna le change à l'assistance. Son humour l'emportant, il était rare qu'une représentation se passât sans quelque tour joué à ses camarades.

— Si tu ne rends pas le masque, Deburau, je serai obligé de te mettre à l'amende, dit le régisseur. Et une forte amende!

Par un geste qui lui était habituel, le mime se mit les poings sur les hanches pour comprimer sa rate qui dansait et lui donnait d'énormes accès de gaieté, accès que, par égard pour le blanc de sa figure, il fallait maîtriser.

— Voyez-vous Francis? demanda la Colombine à madame Lefèvre, sans s'inquiéter de la perturbation qu'elle venait de jeter sur les planches.

— Ou il n'est pas venu ou il se cache, dit la fée.

Cependant le chef d'orchestre était étonné que le lever du rideau n'eût pas répondu à son signal. L'ouverture était terminée et il ne s'agissait pas de badiner avec les anges du paradis, capables de déchirer ou tout au moins de profaner le voile du temple.

— Enfin, Cossart, où avais-tu accroché

ton masque? demandait le régisseur. En as-tu un de rechange?

— Oui, chez moi, à Belleville, fit l'Arlequin.

Désespéré, il leva les bras vers les frises.

— Ah! s'écria le régisseur, si je me doutais de celui qui a pris le masque, comme je le flanquerais à la porte immédiatement.

Son anxiété s'augmentait d'autant plus qu'en ce moment toute une basse-cour révoltée semblait avoir fait irruption dans la salle. Les coqs répondaient aux merles, les ânes aux canards, les pies aux dindons.

— Ma petite Rose, disait madame Lefèvre à Colombine pour la consoler de sa déconvenue, nous verrons certainement Francis pendant la représentation.

Un de ces coups de sifflet déchirants, comme il ne s'en entend qu'au coin des bois et au boulevard du Temple, venait d'exciter les gloussements et les beuglements de la basse-cour impatiente.

— Nous ne pouvons pas attendre plus longtemps, dit le régisseur à Cossart, tu joueras sans masque.

— Oh! fit avec effroi l'Arlequin

Semblable à la Bête des contes de fées, qui craint tant d'être aperçue de la Belle, Cossart avait conscience du fâcheux effet que produirait sa laideur sur les spectateurs. Ses pommettes saillantes, son front bas, ses yeux de bœuf faisaient du comédien un être timide et mélancolique dans la vie; le masque d'Arlequin donnait de la finesse à son menton et communiquait à Cossart une légèreté et un entrain qu'on n'eût pu soupçonner chez l'acteur, alors qu'il exerçait son métier d'ébéniste.

Deburau, son étonnement passé, regardait en clignant les yeux les diverses personnes réunies sur le théâtre. Son regard s'arrêta tout à coup sur la Colombine, qu'il fixa longuement. Fut-ce par le magnétisme qu'exerce la projection d'un regard profond sur une conscience troublée, que Rose leva les yeux sur le mime? Immédiatement elle les baissa; mais elle sentit son visage se colorer de rougeurs qui devaient paraître malgré le fard, et, pour échapper à l'inquisition de cet œil pénétrant, elle redescendit la scène, faisant mine de chercher.

— Mais le voilà, ce masque, dit-elle, en montrant le coin obscur où elle l'avait caché.

— Que c'est bête, dit Cossart redevenant frétillant, de faire des tours pareils!

Pendant que le régisseur frappait avec un enthousiasme communicatif les trois coups décisifs:

— Ah! petite friponne, dit Deburau à

Rose, qui feignit de ne pas comprendre.

La toile se leva; mais la petite friponne avait de nombreux efforts à faire pour sourire au public, ainsi que le lui avait recommandé le régisseur. Sourire à une raillerie dont elle était peut-être victime depuis l'arrivée de la lettre!

Au début de la pantomime, Colombine assise témoignait un certain agacement des prodigalités de tendresse d'Arlequin; elle eut alors des piétinements de dépit d'une réalité que seule madame Lefèvre put comprendre. Cette scène d'amourette fut jouée par l'actrice avec une perfection inaccoutumée qui surprit Deburau : en face d'elle, dans la coulisse, le mime se demandait quel intérêt diabolique avait poussé une enfant, timide d'habitude, à troubler la représentation.

Dans un coin de la scène, une vieille,

emmaillotée de chiffons, suivait ce jeu avec une non moins vive sympathie. C'était la fée, qui, sous les haillons d'une pauvresse, venait demander la charité à Colombine.

Francis, que les yeux exercés de madame Lefèvre n'avaient pu découvrir, assistait pourtant à la représentation; mais il avait quitté sa place habituelle à l'orchestre, se regardant comme trop en vue. Il conservait d'ailleurs une certaine rancune des horions que les habitués lui avaient distribués la veille. Debout, dans le couloir de la première galerie, caché derrière la colonne d'une loge, il avait suivi ces incidents sans y être initié. Pouvait-il se douter que son innocent billet était la cause d'une telle perturbation dans les coulisses?

Pourtant Francis avait remarqué deux petits doigts dans l'ouverture du rideau, et il s'était dit qu'une femme regardait dans la salle, sans oser croire que Rose le cherchait. Appréhensions d'amoureux de vingt ans.

A travers le prisme de cette aventure, la représentation du *Pont du Diable* avait pour Francis un charme qu'aucun auditeur ne pouvait goûter, et les musiciens ne se doutaient pas des trésors de mélodie que trois aigres violons, accompagnés par une basse maussade, faisaient entrer dans l'esprit de l'amoureux. Mais le drame n'était réellement intéressant qu'avec Colombine en scène : si elle sortait, il semblait à Francis que le théâtre était d'un vide que Deburau lui-même ne parvenait pas à combler.

— Je crois l'avoir vu, souffla madame Lefèvre à Rose, alors qu'elle sortait de scène.

— Vrai! s'écria la-Colombine.

— Passons de l'autre côté, derrière le décor, dit la bonne fée à sa protégée.

Les deux actrices traversèrent le fond du théâtre et s'installèrent derrière la coulisse faisant face à la loge dans laquelle se tenait Francis. A cette heure, il ne regardait plus, ou plutôt il regardait sans voir. La Colombine n'était plus en scène!

L'amoureux songeait à elle et la suivait dans son cerveau. Aussi son émotion fut-elle profonde quand il aperçut dans la coulisse les deux femmes qui le regardaient. Aussitôt Francis se rejeta dans l'ombre, derrière la colonne qu'il avait abandonnée sans y prendre garde. Le sang se porta à sa figure et le brûla. Il était découvert! Comment cela était-il arrivé? Francis ne pouvait le dire; mais il n'y avait pas à en douter. La fée l'avait montré de sa baguette.

Imprudent et téméraire! Comment se faire pardonner cette aggravation de faute? N'allait-il pas dans un instant devenir la fable et la risée de tous les gens du théâtre?

Les amoureux timides ne sont pas sans quelque analogie avec les voleurs empoignés au collet par un sergent de ville, au moment où ils vont franchir le seuil de la boutique d'un bijoutier. Les uns et les autres subissent de violentes sensations qui troublent la circulation du sang et abrégeraient la vie, si elles se renouvelaient fréquemment. Et pourtant, quoique atterrés par ces coups imprévus, des gens de faible volonté ne puisent pas moins dans ces excès d'effarement de brusques décisions auxquelles le libre arbitre n'a plus de part.

Qui eût vu Francis s'abaissant tout à

coup et disparaissant dans le couloir circulaire qui entoure les loges, eût pensé à la scène pathétique dans laquelle Hamlet, pendant la représentation des comédiens, pour étudier sur la figure du roi et de la reine les remords de leur crime, rampe sur le plancher comme un serpent.

Il fallait échapper aux regards clairvoyants de la fée, à sa baguette magique qui montrait en lui l'auteur de la lettre.

Aucune ouvreuse de loges heureusement ne se trouva sur le passage de Francis pour gêner son évolution. Elle eût pensé qu'un pick-poket venait de faire un coup dans la salle, avait enlevé quelque bijou ou quelque vêtement accroché au porte-manteau d'une loge, et toutes les raisons qu'eût données l'amoureux pour colorer son changement de place et son attitude eussent paru invraisemblables.

La première pensée de Francis fut de fuir un endroit où des créatures exceptionnelles, douées de pouvoirs supérieurs, découvraient la vérité si facilement : il s'accusa de lâcheté après avoir réfléchi, et jugea plus utile d'étudier sur la physionomie de la Colombine l'impression produite par la découverte du mystère.

En suivant la méthode du jeune Hamlet, Francis avait pu gagner la loge opposée à celle où il avait établi son premier poste d'observation. Cette fois, résolu à ne plus commettre d'imprudence, Francis risqua un œil et put jouir d'un agréable divertissement réglé entre Arlequin et la Colombine. Sur un air du ballet d'*Armide*, la danseuse dépensait des trésors de coquetterie pour son amoureux à museau noir et, peut-être à cause des recommandations du régisseur, peut-être en souvenir de la découverte de son soupirant, un sourire à la fois piquant et doux était posé sur les lèvres de la petite Rose.

Francis jugea que l'actrice n'était pas trop irritée.

Irritée! Son sourire se fût épanoui davantage encore sans la disparition de ce singulier admirateur qui, parce qu'on jetait les yeux sur lui, s'évanouissait tout à coup.

Dans le rapide examen fait par les deux actrices, Francis avait paru jeune, agréable, et il eût bien vu, en restant à sa place, que ses hommages n'étaient pas repoussés.

— Il se passe ici quelque chose d'extraordinaire, pensa Deburau qui, de la coulisse, apportait une attention extrême au jeu de ses camarades.

Rarement le célèbre mime perdait de vue *ses* acteurs. Semblable aux graves danseurs espagnols qui, n'étant pas en scène, agitent de frénétiques castagnettes dans la coulisse et encouragent de la voix la troupe qui se trémousse sur les planches, Deburau planait sur la représentation, sans se fatiguer des cent représentations du même ouvrage; connaissant les qualités de certains comédiens, la faiblesse des autres, un de ses regards suffisait à modérer le zèle des uns, à activer la nonchalance de ses camarades.

La Colombine a son importance dans la pantomime. Elle est le rayon de soleil qui illumine cette confusion; son arrivée semble une éclaircie après la grêle de coups de bâton; son sourire délasse des grimaces des gens rossés. Elle se détache en rose de la mêlée fiévreuse dans laquelle sont engagés Cassandre, Polichinelle, Léandre et le bailli. Elle est la joie, la poésie, sur ces planches bruyantes. D'où l'attention particulière que portait Deburau à l'actrice chargée d'interpréter ce rôle.

Au moment où Rose terminait son pas :

— Très-bien, souffla Deburau, de sa voix grêle qui chatouilla doucement les oreilles de la Colombine, car les compliments d'un tel maître étaient inappréciables.

Une salve d'applaudissements chaleureux partie de la salle confirma le jugement du mime. Pourtant Rose ne rentra dans la coulisse qu'à demi satisfaite. Son admirateur était parti sans jouir de son triomphe.

— Tu as bien dansé ce soir, ma petite Rose, lui dit madame Lefèvre.

— Je sens, répondit la Colombine, que je peux mieux encore... Quel malheur qu'il ne soit plus là!

— Sois tranquille, ma petite; il t'a vue, il a entendu les applaudissements, il a applaudi lui-même.

— Vrai! s'écria Rose avec un accent de joie. Vous l'avez revu?

— Je connais les amoureux... Francis a changé de place... Peut-être pour ne pas montrer son trouble, peut-être pour se faire chercher... Tiens, sans qu'il t'aperçoive, regarde du côté de la colonne opposée à celle derrière laquelle Francis se tenait tout à l'heure... Il se croit bien caché, je ne l'en ai pas moins découvert.

En quelques mots, madame Lefèvre ajouta qu'un tel soupirant était précieux, qui jetait de la variété dans les façons de se présenter, et gravement elle ajouta :

— Ne te plains pas, ma petite, c'est un amoureux à cascades.

CHAPITRE IV

CHAPITRE IV

Le lendemain, quoiqu'il n'y eût pas de répétition, Rose entra de bonne heure chez la concierge des Funambules avant de se rendre à son atelier de fleuriste. Elle espérait trouver une nouvelle lettre. Les amoureux ne doutent de rien et suppriment volontiers le temps, les espaces. Il eût fallu que Francis, levé avant le point du jour, eût écrit sa lettre la nuit pour l'envoyer immédiatement au théâtre.

L'absence d'un second billet fit que, toute la journée, mille raisons trottèrent dans la tête de la petite fleuriste, qui, penchée au-dessus de la table, n'avait jamais paru si appliquée à sa tâche.

Les sensations de Francis étaient autres. En rentrant, il avait passé l'inspection de sa garde-robe; avec un soupir, il constatait que seulement une redingote et un pantalon étaient accrochés au porte-manteau.

Dans le tiroir du secrétaire courait quelque menue monnaie. Maigre ressource pour les aspirations de l'amoureux! Cela n'empêcha pas Francis d'écrire le billet suivant, qu'il interrompit par des regards inquisiteurs dans chaque coin de sa chambre d'étudiant :

« *Mademoiselle Rose, permettez-moi de*
» *vous offrir, en gage de mon admiration*
» *pour votre talent, cette modeste bague;*

» *vous la porterez, je l'espère, sinon par*
» *sympathie pour moi, qui vous suis in-*
» *connu, du moins en souvenir du public*
» *qui vous applaudissait hier.* »

La rédaction était assez ingénieuse pour que Francis s'en frottât les mains; mais la bague pouvait-elle être achetée moyennant la somme de quatre francs, le seul encaisse métallique de l'amoureux, surtout quand ces quatre francs représentaient deux jours de nourriture et d'entretien, sans compter la contribution indirecte nécessaire pour l'entrée au théâtre?

Francis coucha son budget par écrit pour mieux s'en rendre compte, et arriva au résultat suivant :

Deux entrées aux Funambules. . 1 50
Deux déjeuners, deux dîners. . . 2 50
Bague. 0 00

Sans doute, il était facile d'arriver à des

économies en réduisant les repas à leur plus simple expression. Tout amoureux sait vivre pendant deux jours avec des petits pains; il ne restait toutefois en caisse que deux francs trente centimes et on n'envoie pas un hommage enthousiaste à une actrice avec une somme si maigre.

— Ah! s'écria tout à coup Francis en arrêtant ses regards sur le pantalon qui pendait au porte-manteau, flasque et sillonné de plis déterminés par un usage prolongé.

S'en étant revêtu, l'étudiant l'inspecta avec le coup d'œil particulier aux Normands qui hantent les hôtels du quartier Latin, pour y acheter les défroques de la jeunesse sans argent. Alors Francis se livra à une opération bizarre, qui n'était pas sans analogie avec celle d'un repasseur cherchant à donner, sur la meule, du coupant à une vieille lame.

Le genou appuyé sur le carreau, l'étudiant frottait avec animation le drap du pantalon sur le plancher. A la suite de ce travail, Francis tira violemment en sens contraire l'étoffe jusqu'à ce qu'une déchirure se produisît. Et ce fut avec un sentiment d'admiration que l'étudiant regarda le battant de la porte dont un des côtés venait d'être ouvert à l'endroit du genou.

Il faut que la race des Cassandre, qui s'opposent aux amours de la jeunesse, soit considérablement aveugle pour que M. Carcassonne n'eût pas soupçon de l'insolite déchirure qu'à une heure de là Francis étalait dans son cabinet, avec une physionomie offrant les traces des plus vifs regrets.

— Oh! s'écria l'honnête Carcassonne, fabricant de produits chimiques de la rue de la Verrerie, voilà une culotte en bel état.

— N'est-ce pas? pour aller au cours surtout! dit Francis.

— Comment un pareil fait a-t-il pu se produire? demanda le naïf Carcassonne.

— Je suis tombé sur le genou, dit l'étudiant. L'étoffe a cédé, le pantalon étant déjà en mauvais état; aussi venais-je vous prier, monsieur Carcassonne, de m'avancer quinze francs sur le mois prochain, pour m'acheter un vêtement plus convenable.

— Quinze et dix font vingt-cinq, dit Carcassonne en imprimant à sa calotte un aspect renfrogné... Si on donnait ce pantalon à raccommoder à la cuisinière?

Pour toute réponse, Francis força son genou à passer audacieusement par la porte cochère du pantalon.

— Qu'est-ce que dirait ta mère si elle te

rencontrait en pareil costume? soupira Carcassonne.

— C'est justement pour ne pas offusquer la vue des personnes de connaissance que je pourrais rencontrer, que je vous serais obligé de m'avancer la petite somme nécessaire à l'achat d'un pantalon neuf.

— Tu 'sais, Francis, que ton père m'a défendu expressément de te faire des avances...

— Cependant, ce pantalon!...

— Oui, je vois, le pantalon, et il m'étonne, car jamais, au grand jamais, tu entends, un pareil désastre n'a pu être remarqué par quiconque dans mes effets. Je tombe, n'est-pas?

M. Carcassonne essaya de faire mordre la poussière à sa jambe droite.

— Mon pantalon cède et ne crève pas.

Tu auras trop dansé sur les genoux à la Closerie des Lilas.

— On ne danse pas de la sorte, dit Francis.

— Je me suis laissé dire que les étudiants d'aujourd'hui se livrent à des contorsions peu gracieuses, et surtout défavorables pour la conservation des vêtements.

— On vous a trompé, monsieur Carcassonne... Je ne fréquente pas la Closerie des Lilas; mais il est important que je suive mon cours ce matin.

— Je te répète que déjà je me suis laissé entraîner, bien contre mon gré, à t'avancer dix francs sur ton mois prochain. Un pantalon, d'une somme de quinze francs, constituerait, en même temps qu'un fâcheux précédent, une avance pernicieuse de vingt-cinq francs... Il ne te restera que soixante et quinze francs pour vivre le mois prochain,

Tu viendras encore me supplier, me tracasser, crier misère. Je préfère, pour ma sauvegarde, en écrire à tes parents, afin de savoir s'ils autorisent ce payement par anticipation.

— Alors je n'irai pas au cours, dit Francis... Je vais rentrer me coucher pendant quarante-huit heures en attendant ma pension du premier du mois... Songez-y, monsieur Carcassonne, je manquerai deux cours et, quand viendra l'époque des examens, tant pis si je suis refusé... J'expliquerai à mon père que vous avez refusé de me donner les moyens de m'habiller convenablement pour me rendre à l'École de droit.

M. Carcassonne se frotta le front et en même temps sa calotte, qui, étant d'un velours soyeux, humanisa sans doute par son contact la rigueur du fabricant de produits chimiques.

— Francis, dit-il d'un ton grave, rappelle-toi que c'est la dernière fois que je me lance dans de semblables avances... Quoi qu'il arrive désormais, je serai inexorable... Voilà ton argent.

— Bonjour, monsieur Carcassonne, s'écria l'étudiant en empochant la somme.

— Comme tu es pressé !

— C'est pour ne pas manquer mon cours.

M. Carcassonne, ayant descendu sa calotte sur les yeux pour faire ombre à ses pensées, revint à ses registres, en se demandant si l'ouverture de cette immense porte cochère dans le pantalon, ouverture par laquelle avaient été engloutis les quinze francs, n'était pas due à quelque événement de la vie du quartier Latin qu'il était difficile à lui, Carcassonne, d'approfondir, mais qui n'en laissait pas moins des feux follets soupçonneux s'agiter dans son esprit.

D'un bond, Francis se rendit au Palais-Royal et ouvrit avec précipitation la porte d'un bijoutier. A l'air dont il demanda une bague, la marchande vit qu'elle avait affaire à un amoureux et qu'il serait coulant sur le marché.

— Combien? demandait Francis en maniant de lourdes châtelaines. Combien? les yeux attirés par des pierres étincelantes. Combien? en face d'anneaux finement ornementés.

Mais c'étaient des prix invraisemblables, eu égard à l'avance de M. Carcassonne, et il fallut se rabattre sur une série de modestes bagues qui paraissaient misérables à l'étudiant. Enfin Francis fit marché pour quinze francs d'une bague qui en valait bien la moitié; mais l'amour et la jeunesse s'abaissentils à peser le prix d'une chose et à la marchander?

— Je vous serais mille fois obligé, madame, de vouloir bien me donner quelques épingles, dit Francis en montrant le malheur arrivé à son pantalon.

La bijoutière s'empressa de répondre à la demande de son client; et comme dans l'esprit de la marchande s'était déjà formé le roman d'un amoureux escaladant des murs pour se rapprocher de la dame de ses pensées, ce fut avec un intérêt marqué qu'elle voulut accrocher elle-même ces épingles pour dissimuler la trouée béante de l'étoffe.

En quelques enjambées, Francis reprit sa course dans la direction des Funambules, le cœur allégé autant que la bourse; mais, en apercevant la porte du théâtre, il ralentit sa marche. L'étudiant pensa qu'il devait s'entourer d'un certain mystère.

Il avait été peut-être signalé à la concierge; quelqu'un entrant ou sortant des Funambules pouvait le rencontrer.

Le chapeau sur les yeux, le col du paletot relevé, Francis eût désiré une large houppelande, une longue perruque, de grandes lunettes vertes, quoiqu'un tel travestissement pût donner une fausse idée de sa personne. Une voix intérieure soufflait toutefois à l'étudiant qu'un élégant cavalier, se présentant d'un air dégagé, avec une pièce de cent sous glissée dans les mains de la concierge, ne pourrait être que favorablement accueilli; mais cette désinvolture, cette audace de procédés, jointe surtout à l'absence de monnaie, convenaient-elles à un galant forcé de porter lui-même ses billets doux?

Après avoir arpenté dix fois la rue des Fossés-du-Temple sans se décider, Francis prit une détermination courageuse, franchit l'entrée des artistes, et d'un ton extraordinairement bref :

— Pour mademoiselle Rose, dit-il.

— Vous dites? demanda la vieille concierge qui n'avait pas entendu un mot de ces brèves paroles prononcées entre les dents.

Mais déjà l'apparition avait disparu; comme trace, il ne restait qu'une lettre sur la table. La portière la soupesa d'un œil soupçonneux et avec des doigts plus soupçonneux encore quand elle s'aperçut qu'un objet était inclus dans la lettre.

— Ce n'est pas à moi qu'on envoie de pareilles choses, dit-elle d'un ton rogue à Rose quand elle vint le soir remplir son service.

La Colombine, sans répondre, prit la lettre et grimpa précipitamment à sa loge.

— Que c'est gentil! dit-elle en courant vers madame Lefèvre pour lui montrer la bague passée à son doigt.

La réponse à la lettre était toute trouvée. Le même soir, pendant les entr'actes, pour prouver à Francis qu'elle ne repoussait pas cette preuve d'enthousiasme, Rose passa à diverses reprises, par l'ouverture de la toile, la main ornée de la bague, certaine que *quelqu'un* s'en apercevrait dans la salle.

Ce soir-là, elle joua son rôle si gaiement que Deburau comprit d'un coup d'œil.

— Comme tu as une jolie bague! dit-il en prenant la main de la Colombine.

Malgré la bonne réception faite à son cadeau, Francis ne sortit qu'à demi de l'ombre du pilier qu'il avait adopté pour sa place depuis tous ces événements. Mais il apparut roide et flegmatique, sans oser se permettre un sourire, tant il avait peur de laisser percer ses sentiments.

— Qu'il a l'air grave! dit Rose à madame Lefèvre.

Quand la Colombine était mêlée au drame, Francis affectait de regarder les autres acteurs; il craignait comme une décharge électrique que ses yeux ne rencontrassent ceux de Rose. Plus l'amour bouillonnait en lui, plus les traits de l'étudiant se contraignaient à ne rien laisser paraître. Affectant l'allure d'un froid diplomate, il se gendarmait intérieurement contre cette fausse impassibilité, et n'eût pu toutefois la vaincre sans un événement imprévu qui tout à coup fondit sa gourme.

Le cadre un peu circonscrit de la pantomime, Deburau l'avait rendu flexible, le modifiant, l'allongeant ou le rétrécissant suivant son humeur ou la disposition d'esprit du public. Pour les autres comédiens, une scène était « réglée à la note », c'est-à-dire qu'elle devait se dérouler en tant de minutes, calculées d'après un certain nombre de mesures jouées par l'orchestre. Deburau n'obéissait en rien à cette tyrannie dramatique; il tirait des effets selon son caprice, sans s'inquiéter des troubles qu'il jetait dans l'esprit de ses camarades. Le mime n'avertissait que d'un coup d'œil imperceptible le chef d'orchestre de faire recommencer à ses musiciens la reprise d'une mélodie, tant que la veine d'imagination soutenait le comédien.

Pierrot, introduit par ruse dans la chambre de Colombine, s'efforçait de lui prouver sa flamme. Colombine résistait, n'admettant pas un tiers dans son cœur en compagnie d'Arlequin. D'où une scène de jalousie jouée par l'amoureux éconduit, qui demandait pour quels motifs le museau noir de son rival semblait plus agréable que sa face blanche. Pierrot tombait aux genoux de Colombine, la conjurait de l'écouter, et n'admettait pas que le dernier mot de la belle fût définitif.

— Qu'est-ce cela? demanda tout à coup avec malice Deburau en jetant un regard jaloux sur la bague que Colombine portait au doigt.

— Laissez-moi, répondit Colombine qui essayait de dégager sa main.

Mais le mime tenait une situation, et il se plaisait particulièrement à ces improvisations.

— Sans doute quelque amoureux vous a fait cadeau de cette bague? reprit Deburau avec des gestes d'une précision égale à la parole.

Rose était confuse de l'intervention de sa vie privée dans une féerie.

— Vous vous en laissez conter par un freluquet, mademoiselle, mima le comédien.

Si Deburau n'eût pas tourné le dos à la galerie où se tenait Francis, il l'eût reconnu à son émotion. L'amoureux, avec inquiétude se demandait si cette scène avait été ajoutée pour se railler de lui et si Rose était complice de cette mauvaise plaisanterie. D'autant plus que le mime indiquait en même temps que cette « méchante petite bague » était indigne de parer une si jolie créature.

Si la scène était piquante pour les habitués qui goûtaient avec intérêt ce détail introduit dans la pièce par le mime, elle remplissait le cœur de Rose de dépit et mécontentait Francis qui se croyait joué et qui l'était en apparence.

Pour terminer, Deburau s'emparait de l'anneau, l'introduisait dans le fond de sa poche, jurant qu'il ne le rendrait à Colombine qu'à condition qu'elle désignât celui qui lui en avait fait cadeau ou qu'elle autorisât le mime à l'embrasser.

Ce fut alors que Francis recueillit un coup d'œil anxieux de la Colombine, qui comprenait que cette adjonction scénique pouvait être prise en mauvaise part par son soupirant.

La petite Rose embrassa Deburau pour rentrer en possession de la bague; mais Francis était soulagé par un regard bien autrement affectueux que les embrassades de théâtre, et ce petit épisode contribua à enlever à l'étudiant l'impassibilité toute de convention qui, prolongée, eût donné une fausse idée de sa tendresse.

CHAPITRE V

CHAPITRE V

Il faut avoir vu le café du Gibbon au boulevard du Temple, et surtout l'avoir fréquenté, pour bien se pénétrer de la bizarrerie d'un établissement que malheureusement la pioche des architectes n'a pas respecté. Ce n'est pas qu'à l'extérieur, dans le jour, la façade offrît un aspect particulier. Pour attirer la clientèle, le propriétaire du café avait compté sur l'enseigne, qui représentait un gros singe prenant une demi-tasse, la tête en bas, les pieds en l'air, comme il convient à tout gibbon bien appris.

La montre, plus mélancolique qu'attrayante, ne répondait pas à ce spectacle. Trois ou quatre fioles de liqueurs diverses se succédaient isolées sur une planchette, annonçant aux gens altérés que dans cet endroit l'orgeat, l'absinthe et la groseille pouvaient être consommés sur place; mais l'orgeat était plâtreux, la groseille décolorée et l'absinthe sinistre. Il fallait qu'une lumière intérieure s'échappât le soir du café du Gibbon, pour raviver les colorations de ces rafraîchissements qu'un archéologue eût juré provenir de quelque habitation lacustre.

C'était, à proprement parler, un rendez-vous d'habitués. Resserré entre le théâtre des Funambules et celui du Petit-Lazari, le café du Gibbon offrait un champ neutre où se réunissaient quelques comédiens, mais plus particulièrement les auteurs habituels des établissements voisins.

Dans cet endroit, d'admirables idées dramatiques étaient sans cesse échangées entre des collaborateurs qui établissaient la charpente de leurs pièces devant les tables de marbre, l'imagination excitée par les gambades d'un véritable gibbon assis sur le comptoir de la dame du café, avec une chaîne assez longue pour pouvoir sauter sur les tables des consommateurs et se mêler aux inspirations des auteurs.

Deux tables étaient réservées spécialement aux écrivains qui honoraient l'établissement de leur présence : une pour les fournisseurs des Funambules, une autre pour ceux du Petit-Lazari. Nul vaudevilliste de ce dernier théâtre n'eût osé s'asseoir à la table des écrivains des Funambules, sans y être appelé; les auteurs du théâtre de Deburau eussent rougi de s'attabler avec les pauvres diables travaillant pour le Petit-Lazari. Aristocratie bien tranchée qui n'avait pas échappé aux méditations du singe; sa nature indépendante s'accommodait davantage de la société des fournisseurs du Petit-Lazari qui livraient un acte à trois francs, quand un droit excessif de sept francs par vaudeville était attribué aux auteurs des Funambules.

Ces tables, la maîtresse du café, madame Achille, en avait reconnu la libre jouissance, l'une à la société du Petit-Faucheux, l'autre aux amis de Pluchonneau jeune. Ils venaient régulièrement chaque jour, entourés de confrères, d'admirateurs, de comédiens qui prenaient note de leurs rôles, ou du représentant des plaisirs du public, le chef de claque, qui connaissant à fond la portée d'un effet dramatique, le condamnait ou l'approuvait.

Une après-midi de décembre, la porte du café s'ouvrit et donna passage à un personnage si fastueux qu'aucun des habitués de l'endroit ne se rappelait en avoir vu de pareil, même à l'Ambigu-Comique. L'inconnu était drapé dans un manteau à l'espagnole, avec des plis étoffés dans le dos et des revers doublés d'un velours magnifique.

Le gibbon lui-même, émerveillé par ce faste, cessa de croquer le noyau d'un chinois que lui avait octroyé Pluchonneau jeune; il introduisit dans la poche de sa gueule les fragments de ce régal pour les savourer plus à son aise après l'entrée du personnage.

S'étant débarrassé de son manteau, l'inconnu apparut en paletot à larges revers de velours, encore plus somptueux que ceux de la doublure du manteau. Une cravate longue, en satin resplendissant, était rehaussée par une forte perle blanche, montée en épingle, qui faisait ressortir le brillant de cette étoffe.

Le Petit-Faucheux, qui avait toisé l'étranger avec la rapidité particulière aux gamins du boulevard, ne manqua pas de faire une entrée au somptueux personnage. Fredonnant un des motifs de l'opéra de *Fra-Diavolo*, il s'accompagna comme d'un tambour de basque avec le plateau qui contenait les rafraîchissements; immédiatement, ceux qui étaient à la table du vaudevilliste comprirent cette langue particulière aux gens de théâtre, qui s'entendent rien qu'à l'aide de « la clef du caveau ».

La seule mélodie de ce fragment de poésie, avec lequel avait été saluée l'entrée du riche étranger, suffisait pour le caractériser:

> Voyez sur cette roche,
> Une plume noire au chapeau,
> Et recouvert de son manteau
> Du velours le plus beau.

Pour ne pas froisser l'inconnu, s'il comprenait l'application faite à sa personne par une mélodie très-populaire à cette époque, le Petit-Faucheux, toujours en s'accompagnant sur son plateau de tôle, chantonna cette fois, en introduisant une variante que n'avait pas prévue M. Scribe :

> Tremblez! en voyant la Fayette,
> C'est pour lui que l'écho répète :
> Diavolo! Diavolo!

Un murmure flatteur de la bande accueillit l'improvisation du Petit-Faucheux, que les habitués tenaient pour l'être le plus spirituel du boulevard du Temple.

— Une bavaroise au chocolat! demanda l'étranger.

— Garçon! s'écria madame Achille émue, en entendant le fastueux personnage demander un produit qui faisait absolument défaut à l'établissement.

Elle agita convulsivement sa sonnette :

— Arthur, dit-elle au garçon, une bavaroise au chocolat !

— Chocolat bavaroise, une ! cria le garçon avec une voix que certainement durent entendre les locataires du cinquième étage.

Immobile, les yeux fixés sur ceux de sa maîtresse, le garçon ahuri restait en place, comme si la bavaroise eût dû descendre des hauteurs où sa voix avait pénétré.

Le gibbon lui-même se gratta la nuque en entendant demander une consommation dont l'assonance n'avait jamais pénétré dans son oreille.

— Arthur, fit la dame de comptoir avec le regard expressif que trouvent dans une situation équivoque les gens aux abois, pressons la bavaroise !

Fasciné par le regard de sa maîtresse, le garçon se rapprocha du comptoir.

— Cours au Jardin-Turc, lui souffla la maîtresse du café, et demande une bavaroise... Vite!

La flèche empennée, lancée par un arc tendu, ne traverse pas les espaces avec plus de rapidité que n'en mit Arthur à aller et revenir du café du Jardin-Turc, situé de l'autre côté du boulevard.

— Et la bavaroise? demanda madame Achille au garçon qui revenait les mains vides.

— C'est que, dit Arthur, on ne me connaît pas au Jardin-Turc, et je n'ai pas d'argent.

— Comme nous faisons attendre ce monsieur! reprit madame Achille en ouvrant le tiroir du comptoir... Mais c'est que je n'ai pas de monnaie non plus... Ah! s'écria-t-elle, Arthur, prends la *pensée* pour payer.

— La *pensée!* s'écria piteusement Arthur. D'un coup d'œil conservateur il embrassa le petit tronc sur lequel était peinte une ingénieuse fleur emblématique, destinée à rappeler le souvenir des garçons aux consommateurs.

— Si on me prend la *pensée,* ajouta Arthur, que me restera-t-il? Je ne touche déjà pas de gages.

— Je n'aime pas les ingrats, dit madame Achille; nous nous expliquerons plus tard. Laisse la *pensée* sur le comptoir, et retourne au Jardin-Turc demander une bavaroise pour le café du Gibbon.

Le garçon leva les bras en l'air et obéit à cet ordre, quoiqu'il semblât prendre le ciel à témoin combien une semblable démarche lui paraissait inconsidérée.

Heureusement, le client au manteau de

velours était occupé à regarder les auteurs de la table des Funambules, qui apportaient plus de réserve dans leurs propos depuis que l'inconnu était assis à quelques pas d'eux.

Pluchonneau jeune venait de défier à une partie de *bibi* un de ses voisins, personnage à longue barbe et à longs cheveux séparés par une raie au milieu de la tête, qui offrait un mélange de vieux rapin, de Christ et de premier rôle du boulevard, et qui semblait avoir accumulé à plaisir sur sa physionomie toutes les fatalités combinées des drames et des mélodrames, depuis le *Monstre Vert* jusqu'à *Antony le Bâtard*.

Déjà le photographe César paraissait un être supérieur aux comédiens des alentours qui lui faisaient une cour assidue pour entrer dans sa collection d'artistes, exposée dans une vitrine au coin de la rue du Pas-de-la-Mule. En communication permanente avec le soleil, César semblait lui en avoir dérobé quelques rayonnements; aussi l'homme au manteau de velours jugea qu'il avait devant lui un des notables habitués du café du Gibbon.

Madame Achille, impatiente de connaître le résultat de la mission dont était chargé son garçon, avait écarté les rideaux des vitres. Arthur traversait le boulevard, portant triomphalement la bavaroise dont l'arome fut humé avec stupéfaction par deux gamins qui jouaient à la pigache. Une bavaroise prenant le chemin du café du Gibbon semblait un événement dans ces parages.

— Nigaud, s'écria madame Achille, ne pouvais-tu entrer par la porte de derrière du café? Tu veux donc compromettre mon établissement!

Le garçon posa la bavaroise sur le comptoir, sans prendre garde que le gibbon, attiré par ce fumet délicat, trempait sa patte dans le verre.

— Mais va donc porter la consommation à ce monsieur qui attend !

Le personnage au manteau de velours accueillit avec joie la bavaroise, en but une petite gorgée en fin connaisseur, et ne s'aperçut pas que la patte du gibbon eût nui à ce délicat breuvage.

— Heureusement, ce monsieur n'a rien vu, dit la maîtresse de café en constatant que l'étranger passait la langue sur ses lèvres avec un sentiment de jouissance particulier.

— Voilà un coup extraordinaire, dit l'inconnu, qui, après avoir savouré la bavaroise, semblait prendre de l'intérêt au jeu du photographe.

César jeta un regard de bâtard sur l'étranger et ne crut pas de sa dignité de répondre « à un bourgeois ». Pendant une demi-heure que dura la partie, l'homme au manteau de velours n'en continua pas moins à faire divers signes d'acquiescement à la parfaite conduite du besigue. Toutefois, ayant consulté sa montre, il jugea qu'il était temps de mettre un terme à son passage dans l'établissement.

S'étant posé devant la glace de la dame du comptoir pendant qu'il payait sa consommation, l'inconnu ajusta avec un soin extrême les plis de son manteau, et ce qui fit événement dans le café fut le pourboire considérable que ce riche personnage avait fait résonner dans la *pensée*.

Les commentaires allèrent leur train, et on s'arrêta volontiers à l'idée que l'homme était un prince étranger visitant les curiosités du boulevard du Temple.

Ce qui modifia toutefois ces inductions fut, le lendemain, une nouvelle visite de l'homme au manteau de velours; ses manières prévenantes et son abord affable semblaient indiquer qu'un être riche et d'une tenue irréprochable prenait son stage au café du Gibbon et ne cherchait qu'à se rendre agréable aux habitués.

Qui eût dit à Francis qu'en ce moment se jouait sa destinée par suite de l'entrée au café Achille de Stauernaghel, tailleur, demeurant rue Neuve-des-Petits-Champs! Oui, Alexandre Stauernaghel, ayant la signature sociale de la maison Alexandre Stauernaghel frères, qui, vers quarante-sept ans, avait été pris de la passion de composer des ouvrages dramatiques pour le boulevard.

Quelqu'un de ses employés n'aurait-il pas repoussé cette nouvelle comme absolument dérisoire, que l'un des plus habiles exportateurs de vêtements pour la province, le négociant astucieux qui faisait filer dans les sous-préfectures les draps couleur olive ou marron d'Inde, énergiquement repoussés par les Parisiens, avait été séduit par la muse dramatique?

Ce que cette folle passion devait jeter de trouble dans la maison Alexandre Stauernaghel frères doit être laissé momentanément de côté, comme préjudiciable au récit. Toujours est-il que, deviné par le photographe César, qui n'était pas mécontent d'exposer à sa montre l'image d'un riche bourgeois au milieu de la bande des cabotins, le tailleur entra en relations avec le photographe et lui fit, pour commencer, une commande d'une demi-douzaine de poses avantageuses et cossues.

Il est utile quelquefois pour le voyageur

arrivant dans un pays étranger de se rendre compte de l'ensemble des physionomies de l'endroit par l'étude des montres de photographes. Alexandre Stauernaghel, introduit dans la vitrine au centre de laquelle posait César, aux allures fatales, entouré des comiques principaux des petits théâtres dans de bouffons costumes, eût rendu difficiles les recherches de ces curieux.

Un comédien, jouant les rôles de niais au théâtre de la Gaîté, s'était fait représenter avec sa perruque de filasse et un papillon voltigeant au bout d'un long fil d'archal attaché à son chapeau; un autre comique n'avait pas craint de se présenter en face du public en chemise, avec une chandelle à la main. Quelle était la signification, en cette compagnie, d'Alexandre Stauernaghel, d'une tenue si riche, avec le velours qui débordait sur tous les revers de ses habits, surtout si on regardait à ses côtés les beautés piquantes du boulevard du Temple qui ne trouvaient pas de gazes assez minces pour dérouler leurs charmes aux yeux des amateurs?

La clientèle de province n'eût-elle pas perdu absolument confiance dans la maison Stauernaghel frères, si ce cadre de cabotins et de cabotines eût été remarqué ailleurs qu'au coin de la rue du Pas-de-la-Mule?

Heureusement une telle exhibition se produisait dans un endroit de Paris médiocrement fréquenté.

Alexandre Stauernaghel devint donc l'intime du farouche César, dont il adoucit l'humeur à la faveur d'un veston de velours noir, relevé par des soutaches roses d'une élégance tout artistique. Le photographe n'eut pas de peine à flairer l'ami des artistes, le personnage indispensable aux comédiens, l'homme qui semble faire partie du magasin d'accessoires et fait trou dans la salle, le jour où il vient à disparaître.

Stauernaghel devint l'habitué fidèle du café du Gibbon, eut l'honneur de partager le bain de pied de sa demi-tasse avec le singe, et s'insinua également dans les bonnes grâces de Pluchonneau, à ce point qu'un jour, étant seul avec lui, il lui coula à l'oreille cette parole mystérieuse :

— J'ai une idée.

« *Avoir une idée* », sur le boulevard, à partir du théâtre Beaumarchais jusqu'à celui de la Porte-Saint-Martin, c'est parler de théâtre. Toute autre idée ne serait pas une idée.

— Voyons cela, Alexandre, dit le fournisseur habituel des Funambules, qui dressa l'oreille.

Stauernaghel se recueillit assez de temps pour aller chercher l'idée au fond de sa pensée.

— Il y a d'abord des paysans en scène, dit-il en étendant les mains pour grouper les figurants.

— Bon, des paysans, dit Pluchonneau, je comprends.

La figure de Stauernaghel s'illumina aux rayons de la clarté qu'un auteur dramatique émérite trouvait à son idée.

— Ces paysans reviennent de la moisson et portent une fourche sur l'épaule.

— C'est un sujet champêtre, dit Pluchonneau.

— Champêtre si l'on veut, car le fils du roi arrive.

— Quel fils du roi? demanda Pluchonneau.

— Un instant, je vous prie... Il porte un cor en bandoulière.

— Très-bien! Le fils du roi revient de la chasse.

— Non, il y va... C'est alors qu'il aperçoit Florise parmi les moissonneurs.

— Un amour! Parfait! L'action s'engage, dit Pluchonneau.

— N'est-ce pas? reprit Stauernaghel visiblement satisfait... Voilà donc un premier acte.

— Il est peut-être un peu rapide; mais l'exposition est claire, c'est beaucoup au théâtre... Maintenant, voyons la suite.

— La suite, répondit Stauernaghel, je la cherche.

Pluchonneau regarda le tailleur avec un regard d'aliéniste face à face avec un sujet atteint d'une folie inguérissable.

— Ah! mais, s'écria-t-il, il faut piocher ça.

— Mon ami, vous me rendez un peu de courage, dit Stauernaghel. Voilà quatre nuits que je ne ferme pas l'œil, tant le second acte me préoccupe.

— Stauernaghel, reprit Pluchonneau d'un ton grave, prenez garde que la lame n'use le fourreau.

— Plaît-il? fit le tailleur.

— Vous entrez dans la voie douloureuse de l'art, et je ne dois pas vous cacher la vue des épines... Sans doute le premier acte de votre conception indique une imagination dramatique, ajouta le fournisseur des Funambules, qui s'était aperçu que son discours faisait baisser trop bas l'oreille de Stauernaghel. En travaillant, vous arriverez certainement... comme moi... Voyez pourtant à quelle extrémité les directeurs de théâtre me condamnent! Tenez, fit Pluchonneau en levant les bras, dites-moi si je peux me présenter dans le monde en pareil état.

Deux ouvertures béantes aux aisselles dévoilèrent les mystères et les misères du paletot.

— Peut-être est-ce utile pour la santé, dit Pluchonneau qui jouissait d'un fond de philosophie. Mais pour connaître la société et la peindre, il faut fréquenter le monde... Et le monde n'admet pas une pareille toilette... Voilà tantôt douze ans que je travaille avec le plus grand succès pour les Funambules... Le directeur reconnaît que mes pièces annoncent un homme d'avenir... Ah! l'avenir! Fermé! barricadé! Pour m'élancer plus loin, je suis arrêté par un paletot... Alexandre, je ne demanderais pas mieux que de vous prêter le concours de mon expérience pour sortir de ce premier acte... Le second, je le vois d'ici, se passe à la cour du roi... Il y a là matière à un riche décor, quelque chose dans le genre des appartements des Tuileries... Les décors sont très-importants dans ce genre de spectacles. Pour vous être agréable, je visiterai le palais des Tuileries; mais, faute d'un paletot, je suis accroché au café du Gibbon.

- Je tiens mon second acte, s'écria Stauernaghel... Le palais du roi est logique; j'y avais déjà pensé. Ne vous dérangez pas, mon cher, il me sera facile d'entrer aux Tuileries... J'habille le chef de cuisine, M. Auguste; il n'a rien à me refuser.

— Et puis, quand vous serez introduit dans le palais des Tuileries? demanda Pluchonneau avec une nuance de sarcasme.

— Je verrai les appartements du roi.

— Après? s'écria Pluchonneau avec une

autorité accablante..... Je suppose que le chef de cuisine vous fasse parler à Louis-Philippe et que le roi veuille bien écouter la lecture de votre premier acte... Est-ce Louis-Philippe qui vous aidera à sortir des difficultés de ce second acte, le nœud de la pièce? Non, Stauernaghel, vous n'êtes pas suffisamment initié aux lois du théâtre... Votre premier acte manque de marrons.

— Des marrons! fit le tailleur perplexe.

— Oui, votre dinde n'est pas suffisamment bourrée... Elle est maigre... Moi, j'y ajouterais des bandits cachés dans une grotte de la montagne, qui s'emparent du fils du roi et le garrottent dans leur caverne... Et Florise, qu'en faites-vous?

— Ne vous ai-je pas dit qu'elle portait une faucille sur l'épaule?

— Une faucille, c'est bon; ça la pose...

Elle n'a pas besoin de dire, comme font les maladroits qui ne savent pas écrire pour le théâtre : « Je suis la fille d'un honnête laboureur. » Le public comprend qu'elle revient des champs... Après ?

— Après ? fit Stauernaghel, dont le front se couvrait de gouttes de sueur... Je ne sais pas.

— Eh bien, mon cher, vous demanderez la suite à Louis-Philippe, ajouta Pluchonneau d'un ton sec.

Ce projet de collaboration avec le roi citoyen sembla, même aux yeux du tailleur, empreint de quelque raillerie.

— Stauernaghel, dit Pluchonneau, comprenez-moi bien. Vous apportez un embryon d'idée ; mais, ainsi que je vous le disais, votre volaille est maigre, et, pour la faire avaler au public, je dois la bourrer des fruits de mon expérience... Si vous avez réellement la pensée d'aborder le théâtre, nous nous verrons fréquemment pour engraisser l'idée... Et c'est ensemble que nous devons visiter les Tuileries... Vous allez voir s'il faut du vice pour devenir auteur dramatique. J'emmène avec moi le petit Victor, le meilleur élève de M. Cambon : une pratique, mais adroit comme un singe. D'un coup de crayon, Victor va vous pincer les Tuileries... Nous lui payerons à dîner chez Passoir sur nos droits, car vous en toucherez la moitié.

— Oh! non! dit Stauernaghel avec un ton de générosité émue.

— Chacun sa part, reprit Pluchonneau... Vous apportez l'idée; elle vous sera payée en bonnes pièces de cent sous... Si vous ne vouliez pas de cet argent, il me serait impossible de collaborer avec vous... Que penseraient de vous les auteurs dramatiques vos confrères? Donnez vos droits à la caisse de secours de l'association, puisque la question d'argent ne vous préoccupe pas.

— Eh bien, je prendrai ma moitié, dit Stauernaghel convaincu.

— Dès demain nous nous rendons aux Tuileries... Mais, comme je vous le disais, ce qui me conviendrait surtout pour cette visite, ce serait un bon paletot.

— Ah! fit Stauernaghel.

— Non pas un vêtement aussi riche que le vôtre! Qu'il soit chaud pour la saison, avec une bonne doublure de flanelle... Comme j'abattrai de l'ouvrage!... Stauernaghel, il n'y a personne ici; si vous me preniez mesure?

Le tailleur vit bien qu'il était impossible de ne pas donner satisfaction à Pluchonneau.

— Quelle couleur me conseillez-vous

pour le paletot? demanda le vaudevilliste.

— Le vert-olive est distingué, répondit Stauernaghel qui avait une forte partie de ce drap à écouler.

— Ça me va, dit Pluchonneau qui se posa au milieu du café pendant que son collaborateur lui prenait mesure... Je songe à présenter Florise de la façon la plus intéressante, et, selon votre avis, mon cher ami, il me semble adroit de la montrer songeuse sur un banc de gazon, depuis qu'elle a aperçu le fils du roi... Vous tiendrez le paletot un peu long, n'est-ce pas, Stauernaghel... Les brigands arrivent... Ils ne voient pas Florise tout d'abord; alors se produit un effet qui ne rate jamais. On entend le son du cor... Mon cher ami, je vous serai particulièrement obligé de donner du jeu aux entournures pour la liberté des mouvements... Ah! la bonne charge!

Stauernaghel, regardez donc le gibbon qui veut prendre mesure à madame Achille!

Le singe, qui n'avait jamais vu pratiquer une semblable opération dans l'intérieur de l'établissement, imitait, en effet, sur sa maîtresse, les mouvements du tailleur.

— Un conseil d'ami, dit Pluchonneau à Stauernaghel. Vous allez fréquenter assidûment le café; il est bon que vous vous rendiez favorable la maîtresse de la maison. Avec les rognures de vos étoffes, faites donc tailler, sans rien dire, un petit vêtement d'hiver pour le singe.

— Oh! s'écria le tailleur, qui se crut déshonoré.

— Ce pauvre animal, la fortune de l'établissement, reçoit l'air de la porte constamment. Vous-même, en entrant, abrégez les jours du gibbon par le froid que vous introduisez... Madame Achille a une certaine influence sur les directeurs de théâtres des alentours... Un bon plastron pour protéger la poitrine du singe vous attirerait la reconnaissance de sa maîtresse.

— S'il le faut absolument, s'écria Stauernaghel avec résignation.

— Mais je n'ai pas fini avec Florise. Nous en étions au son du cor. Le fils du roi s'avance, rêveur depuis qu'il a rencontré la fille de l'honnête laboureur... Il a soif de solitude et s'engage sous la feuillée... C'est là qu'est le nœud de la pièce. Les brigands sautent sur le fils du roi et le bâillonnent de telle sorte qu'il ne peut plus sonner de son cor pour avertir les piqueurs... Heureusement Florise a tout vu. La courageuse enfant se dit : Je vengerai mon amant! La toile tombe... Ça vous va-t-il?

— Parfaitement, dit Stauernaghel étonné

que son idée eût pu produire d'aussi étincelantes cristallisations.

— Eh bien, mon cher, dit Pluchonneau, je souhaite que vous vous en tiriez aussi bien avec mon paletot.

CHAPITRE VI

1

CHAPITRE VI

Le soir, quand Rose sortait du théâtre en compagnie de madame Lefèvre, Francis désormais suivait les deux actrices; plutôt toutefois à l'état de garde qu'à celui de compagnon. Un espace de trente pas séparait l'étudiant de celle qu'il avait admirée pendant la soirée : course suivie de menus incidents qui prenaient dans l'esprit de l'amoureux une valeur considérable. Toute lueur l'éloignait, toute ombre le rapprochait. Francis poussait l'audace jusqu'à approcher de dix pas les actrices dans les endroits où le gaz jetait des lueurs indécises. Une éclaircie de lumière venait-elle à se produire, l'étudiant ralentissait sa marche et rentrait dans l'ombre.

Cette *poursuite* dura un mois. Un siècle de vives anxiétés, de bonheurs ineffables pour l'amoureux. Rarement une femme entendit de déclarations aussi passionnées que celles qui bouillonnaient dans le cerveau de Francis. Il est peu de cœurs d'hommes qui aient été agités d'autant de soubresauts que celui de l'étudiant, dans les courses qu'il entreprenait de la rue des Fossés-du-Temple à la rue de la Folie-Méricourt, où demeurait Rose.

Un agent de police filant un criminel réfugié dans une maison, un chien attendant la sortie de son maître, n'eussent pas témoigné plus de patience à regarder les différents étages, pour se rendre compte du logement que devait occuper la Colombine.

A diverses reprises, la pensée d'interroger la concierge se présenta à l'esprit de l'amoureux; il la repoussa comme pouvant compromettre la réputation de Rose. Francis, d'ailleurs, avait entrevu le profil de la portière : une sorte de bouledogue, choisie avec intention par le propriétaire pour s'opposer au déménagement clandestin des locataires.

L'étudiant remarqua en outre une chaîne de fer fixée à la porte, qui ne permettait qu'un entre-bâillement pour une personne : indice d'un propriétaire prudent, peu soucieux de voir le mobilier de ses locataires déménagé par une porte qui n'était jamais fermée la nuit. De ce détail, Francis conclut que les habitants de la maison, recrutés parmi les ouvriers, avaient peine à payer leur loyer, et que Rose devait être logée à la même enseigne. Et il bénit la vie difficile de l'actrice : elle était pauvre, elle était sage.

Ces inductions que les amoureux relient les unes aux autres avec les faveurs roses de l'imagination, offrent un charme qu'atteint difficilement la positive réalité. De l'inconnu, Francis faisait jaillir une source poétique à laquelle son amour s'abreuvait; liqueur pénétrante et douce, dont une seule goutte suffisait pour rafraîchir son âme.

— Il est bien gentil, quoiqu'un peu timide, disait madame Lefèvre à Rose.

Les deux actrices n'avaient pas été sans remarquer l'ombre persistante qui s'attachait à leurs pas. La Colombine s'attendait à une rencontre, à un choc; elle eût voulu entendre parler son soupirant. Le genre dramatique auquel elle appartenait faisait que l'actrice, plus qu'une autre, avait soif de paroles exprimées autrement que par des gestes. Aussi, entendre à la sortie du théâtre un jeune homme lui parler avec une voix tremblante, des accents émus, eût été pour Rose une joie particulière.

Francis se doutait si peu de ses avantages d'amoureux parlant, qu'un incident faillit lui faire perdre les bénéfices de son long stage de soupirant.

Plus d'une fois madame Lefèvre avait ralenti le pas avec assez d'insistance pour amener une entente de la part de l'étudiant; mais la fée constatait que ce moyen était insuffisant. Aussitôt un égal ralentissement se produisait dans la marche du jeune homme; il semblait que deux corps d'armée s'observaient pour ne jamais se rencontrer.

— Veux-tu qu'il s'explique? demanda à Rose sa protectrice.

Un soir, en habile stratégiste, madame Lefèvre s'arrêta brusquement à un endroit mal éclairé où Francis avait doublé le pas. Surpris par ce mouvement offensif, l'étudiant perdit la tête et s'enfuit à toutes jambes.

Pris au piége, mis en demeure de s'expliquer sur l'assiduité de ses poursuites, effrayé de cet abord presque aussi terrible que celui d'une redoute hérissée de bouches à feu, une émotion extraordinaire s'était emparée de lui; sa langue collait à son palais, ses membres devenaient inertes, et le peu qui lui restait de volonté avait passé dans ses jambes, leur communiquant le mouvement nécessaire pour échapper à un si redoutable assaut.

Madame Lefèvre, dans son langage de

coulisses, l'avait, à juste titre, surnommé
« amoureux à cascades »; elle n'avait pas,
toutefois, prévu une semblable timidité.
C'était un trop complet renversement des
rôles.

Quoiqu'elle fût d'humeur à en sourire,
la Colombine se disait qu'elle ne pouvait
pas pousser plus loin ses encouragements.

Bien des choses agitaient la petite Rose
le lendemain à son atelier de fleuriste;
mais si des fleurs aux gaies couleurs se
pressaient en bouquets dans ses mains,
une plume pleine de regrets et d'appréhensions tourmentait les doigts de l'étudiant
mécontent de lui-même.

« *Je vous en prie, mademoiselle, excusez
mon trouble d'hier*, écrivait l'amoureux.
*Vous dire tout à coup les sentiments que
votre personne a éveillés en moi, je ne le
pouvais. Dès le premier jour où j'eus le*

bonheur de vous apercevoir, mon cœur fut pris.

» Si je vais chaque soir au théâtre, c'est vous seule que je viens voir. Vous aurais-je parlé ainsi à notre première rencontre? Je sens que non.

» Je vous aime *est le seul mot qui puisse s'échapper de mes lèvres et je suis prêt à vous le dire de vive voix; mais aucune autre que vous ne doit entendre cette confidence; ainsi vous me témoignerez que vous voulez bien accueillir mes hommages.

» Il faut que je vous voie, que je vous parle.

» Oserais-je vous prier de vous trouver aujourd'hui, avant la représentation, dans le passage Vendôme?

» Cette rencontre doit décider de mon

avenir. Vous le briserez sans pitié ou vous me le rendrez doux et facile.

» *Quoi que vous décidiez, croyez que votre souvenir ne quittera plus le cœur de celui qui se dit : votre bien affectueux, Francis.* »

Tel était le billet que le lendemain, de grand matin, l'étudiant porta chez la concierge des Funambules.

Francis était encore sous le coup d'un tel trouble qu'il ne remarqua pas que sa lettre était prise par une autre main que celle de la portière. Ce fut sa fille qui reçut le billet.

Sydonie, attachée au théâtre plutôt par considération pour les services de sa mère que pour ses talents d'actrice, jouait dans les pantomimes les rôles de *panne*, c'est-à-dire que pour donner quelque repos aux mimes en proie au tourbillon pendant quelques heures, les auteurs admettaient parfois une Isabelle à côté de la Colombine traditionnelle.

Ce couple de Léandre et d'Isabelle formait le hors-d'œuvre de la pantomime; une halte pour les camarades fatigués.

En scène, la fille de la concierge, outre ses yeux de poupée, ouvrait la bouche comme pour montrer des dents aux maquignons du public; elle ne savait que faire de ses bras et ne soupçonnait pas que la première loi de la pantomime est un trémoussement constant de tous les membres.

Pour Sydonie, monter sur les planches, c'était se montrer.

De ses traits sans expression ressortait une nullité intellectuelle que la pratique du théâtre, les conseils donnés par les comédiens qui l'entouraient, ne devaient pas modifier.

Elle avait fini par apprendre quelques gestes mécaniques que le canard de Vaucanson eût certainement mieux rendus. Quoique la fille de la concierge eût vu se dérouler depuis son enfance le répertoire des chefs-d'œuvre classiques de l'établissement, elle n'avait pas été touchée par les beautés propres à ce genre d'ouvrages.

Mal articulée, dramatiquement parlant, cette mécanique n'était pas moins douée de certains instincts féminins qui se réveillèrent quand Francis lui remit mystérieusement le billet adressé à Rose.

Sydonie retourna le pli en tous sens, et se dit que quelque mystère devait être caché sous l'enveloppe. Personne ne l'avait vue recevoir la lettre. La concierge était au marché pendant que sa fille gardait la loge.

Sydonie mit la lettre dans sa poche. Elle

n'était pas fâchée de jouer ce tour à une camarade.

Malgré sa nullité dramatique, l'Isabelle nourrissait une certaine rancune contre la Colombine aimée du public et qui accaparait à elle seule tous ses applaudissements.

Si la fille de la concierge avait eu conscience des efforts que le théâtre exige, elle eût étudié les secrets de sa camarade, l'attention qu'elle prêtait aux avis de Deburau, le désir de bien faire qui est déjà un acheminement vers le talent; mais tout était bouché dans l'entendement de Sydonie, qui, de son emploi d'Isabelle, ne voyait que les costumes de soie et de velours dont l'affublait la costumière.

En remuant cette lettre dans sa poche, il arriva que l'enveloppe se déchira par un coin.

Une brèche ouverte à la curiosité féminine.

Sydonie était résolue à ne pas faire parvenir la lettre à son adresse. Pourquoi ne pas pousser jusqu'au bout ce qu'elle appelait « un bon tour »? Pourquoi ne pas connaître les secrets de Rose, dont la bonne réputation était irritante?

Sydonie lut la lettre. Des confidences sur l'état de son cœur que Francis faisait parvenir à la Colombine, sa camarade ne retint que le rendez-vous demandé, et elle éprouva une joie particulière à le faire manquer. N'était-ce pas tout bénéfice d'en profiter?

Dans ce cerveau étroit, un plan s'échafauda avec la netteté de conception dont sont doués parfois les êtres sans intelligence.

A l'heure dite, Sydonie se dirigea vers le passage Vendôme. Elle avait revêtu sa toilette habituelle du bal Favier, qui sentait quelque peu l'élégance de barrière; mais elle n'en avait pas conscience, et se jugeait irréprochable. Un toquet à plume sur la tête, elle arpenta le lieu du rendez-vous, cherchant à donner à ses yeux de poupée une apparence de candeur.

Le passage Vendôme, qui fit l'admiration des bourgeois du quartier du Temple, à l'époque où le Jardin-Turc représentait le comble des magnificences orientales, est lugubre. Et pourtant jamais le beau nom de Vendôme ne parut si sonore et si éblouissant à Francis que pendant la course qu'il fit d'une traite du quartier Latin au boulevard du Temple.

Vendôme! Vendôme! retentissait à ses oreilles comme le refrain d'une chanson héroïque. Les amoureux ont à leur disposition une palette sur laquelle ils broient successivement du noir et du pourpre.

En arrivant au rendez-vous où devait avoir lieu le combat, Francis ressentit une première secousse. Elle était là! A l'extrémité opposée du passage une femme semblait attendre.

— Mon cœur, prends courage! se dit Francis qui s'élança vaillamment dans l'arène, ayant attaché une pierre au cou de ses irrésolutions. La figure recouverte d'un masque d'impassibilité, l'étudiant, quoiqu'il sentît ses jambes fléchir, se dirigea vers la Colombine.

Quelle fut sa désillusion en trouvant à la place de Rose une fille d'une physionomie vulgaire qui le regardait avec des yeux provoquants!

— Je suis arrivé trop tôt, se dit Francis.

Il croyait que le hasard seul le faisait rencontrer avec cette personne.

9.

Et l'étudiant continua à arpenter le passage, étonné toutefois d'être suivi par la jeune fille, qui faisait le même trajet que lui, et, comme lui, semblait attendre.

Aux regards encourageants de Sydonie, qui ne semblait pas farouche, Francis répondit en baissant la tête. Il était de la race des êtres délicats que choque une provocation féminine. L'allure de la femme était d'ailleurs vulgaire.

Si Francis eût reconnu l'Isabelle des Funambules, il eût peut-être soupçonné quelque machination; mais, comme l'étudiant n'avait de regards que pour la Colombine, les autres comédiens s'agitaient pour lui dans la pénombre, et il savait à peine que parfois une Isabelle et un Léandre contractaient à l'apothéose des liens semblables à ceux qui unissaient Colombine et Arlequin.

Cette promenade, longue d'attente, dura

une heure, remplissant le cœur de Francis de dépit et de rancune.

— Elle ne viendra pas, se dit l'étudiant dont la palette de pourpre se teintait de noir.

Ce soir, pour la première fois, il manqua la représentation. L'amoureux se croyait repoussé.

Tristement il reprit le chemin du quartier Latin. Sa lettre, dont il avait gardé copie, il la relut à diverses reprises, cherchant quels pouvaient être les motifs qui avaient empêché la Colombine de venir au rendez-vous.

Quant à Sydonie, qui, malgré ses œillades provoquantes, n'avait pas réussi à enlever à sa camarade un soupirant, dans son dépit elle se vengea en répandant dans les coulisses de perfides accusations contre la vertu de Rose.

Il n'est pas de petit monde qui ne s'érige volontiers en tribunal où sont jugées les actions de ceux qui en font partie. Les coulisses de théâtre, où se démènent des êtres déshérités et la plupart sans famille, accueillent facilement ces sortes de propos.

Rose fut accusée d'hypocrisie.

Des comédiens ne se gendarment pas contre les actrices qui, voile au vent, font parade de leurs aventures; ils sont impitoyables envers celles qui prennent la vertu pour masque.

Ces détails d'intérieur conduisirent, par l'enchaînement des choses, Stauernaghel à occuper à l'orchestre la place où avait été si heureux Francis, avant que l'étudiant eût pleine conscience de son amour.

Rose n'eût pas remarqué les feux que projetait le diamant monté en épingle sur

la cravate de satin noir du tailleur, elle ne
se fût pas préoccupée davantage des triomphants revers de velours du par dessus de
ce spectateur somptueux, s'il n'eût été accompagné de César.

Dans les petits théâtres voisins, à peine
César apparaissait-il que la comédie se
jouait pour lui. Par des gestes voyants,
son entrée était remarquée des acteurs
qui aussitôt tenaient à honneur d'être jugés par une fraction si importante du
public.

Le photographe, qui dans tout endroit
public, était homme à se faire voir d'un
aveugle, pilotait alors son Mécène et lui
facilitait les issues du monde dramatique.

Une fois lancé dans le tourbillon du
cabotinage, Stauernaghel ne s'appartint
plus. A eux deux, Pluchonneau et César

s'étaient partagé cette riche dépouille.

Le drame de *Florise ou les Brigands ravisseurs* prenait couleur. Pluchonneau ne quittait pas plus le tailleur que son ombre, et les seuls instants de répit qu'il laissait à son collaborateur étaient accaparés par César, qui reproduisait l'image du futur auteur dramatique sous toutes les formes.

Certainement quelque curieux a dû remarquer, à cette époque, aux divers endroits où le photographe exposait ses produits, des Stauernaghel dramatiques, des Stauernaghel inspirés, des Stauernaghel les ongles enfoncés dans le crâne pour en faire jaillir des idées.

Grâce à César, le boulevard du Temple fut doté de l'image d'un penseur dramatique que le Petit-Faucheux jalousa plus d'une fois, car ils ont trop d'avantages sur la bohême, les êtres qui, avant d'apparaître dans le domaine de la publicité, peuvent disposer d'un gros capital.

La bande des auteurs du Petit-Lazari constatait avec dépit, au café Achille, qu'un auteur de cette catégorie devait réussir forcément, les patrons ayant trop d'intérêt à lancer le débutant.

Maintenant César ne traversait plus le boulevard qu'avec une ample robe de velours noir, bien autrement riche que celle du magicien du Jardin-Turc ; en cet équipage le photographe se rendait au café du Gibbon, émerveillant les boutiquiers des environs, quoiqu'ils soient habitués aux bizarreries de costume des artistes en renom.

Un matin Pluchonneau, étant monté chez César, lui dit :

— Que comptes-tu faire de Stauernaghel, ses portraits terminés ?

— Je pense photographier en costume les acteurs de votre drame des *Brigands ravisseurs.*

— Mais le drame n'est pas fait, et j'allonge le plus possible la courroie pour ne jamais le terminer.

— Raison de plus pour faire le portrait des personnages. Trouves-en seulement une cinquantaine pour commencer.

— Cinquante acteurs ! s'écria Pluchonneau... Mais le directeur des Funambules me recommande de ne jamais faire plus de huit rôles, même dans les drames compliqués.

— Qu'importe! il me faut cinquante comédiens... J'en photographierai un par jour, et je m'arrangerai pour que le portrait ne vienne pas... C'est une commande qui doit m'occuper quatre mois.

— Quand j'aurai indiqué les rôles du

roi, de l'ermite, du chef des brigands, du fils du roi, du traître, du muet, de la princesse et de la villageoise, dit Pluchonneau en comptant sur ses doigts, je serai au bout de mon rouleau.

— Un rien t'embarrasse, reprit César... Chacun de tes comédiens ne pourrait-il jouer quatre ou cinq rôles différents?

— Je penserai à cela, dit Pluchonneau... Je venais d'ailleurs pour te consulter au sujet de Stauernaghel. Il me semble utile qu'il ait une liaison de coulisses... L'homme n'est pas suffisamment du bâtiment... Une créature adroite, qui saurait jouer du Stauernaghel, l'attacherait davantage encore au théâtre.

— L'idée demande à être étudiée, dit César; mais nous ne pouvons tout faire d'un coup. Stauernaghel n'est pas prêt d'être usé... Nous penserons à la femme après que tu m'auras soumis les motifs de photographie des acteurs de *Florise.*

Stauernaghel, à quelque temps de là, goûta l'ineffable plaisir de voir se profiler sous ses yeux les personnages de son drame, sous forme de cartes photographiées. Toute la conception du tailleur tenait dans une petite boîte.

Stauernaghel, avec une sorte d'imagination qui n'est pas inséparable de la sottise, regardait ses comédiens s'agiter et parler le langage qui leur était propre : le roi royalement, le bouffon bouffonnement, l'ermite pieusement, le niais niaisement; la princesse le prenait de haut et les manants de bas.

Le soir, en se couchant, le tailleur étalait sur sa table de nuit les ingénieuses photographies de César. Qui eût osé dire que le drame n'était pas fait, dont les personnages étaient représentés avec leurs costumes, leurs attributs et leurs jeux de physionomie?

Pour remplir ce drame de péripéties et d'incidents poignants, il suffisait de battre les acteurs comme un jeu de cartes : le hasard produisait des combinaisons qui mettaient en présence tour à tour le roi et le traître, l'ermite et la jeune fille, le niais et le nain.

Un jeu si bien imaginé n'avait pas été sans faire quelques trous à la poche de Stauernaghel. Au fur et à mesure de la livraison des photographies, César et Pluchonneau s'étaient fait confectionner des vêtements d'hiver, d'été, de demi-saison. Et pas une ligne du drame n'était écrite!

Le tailleur n'en entendait pas moins parler ses petites photographies : de leurs bouches s'échappaient d'éloquentes tirades suivies de bravos enthousiastes, et l'homme s'endormait plein d'admiration pour son nom de Stauernaghel que, dans ses visions, il entendait répéter par tous les échos du boulevard.

Pluchonneau ne laissa pas le temps à ces illusions de s'envoler, car le tailleur pouvait un jour demander la réalisation de ses aspirations; il lui faudrait le feu de la rampe et de véritables comédiens en chair et en os.

Ce fut à ce moment qu'ayant eu vent des intrigues de la Colombine, Pluchonneau imagina de la faire entrer dans le complot.

De concert avec César, Stauernaghel fut conduit aux Funambules à une certaine place de l'orchestre où il serait à même d'étudier, lui disait-on, les qualités particulières des comédiens de l'établissement. Avant de distribuer les rôles du drame qui n'existait encore que dans l'imagination de Pluchonneau, le tailleur devait choisir ses acteurs.

L'homme se sentit fier d'une telle mission. Sa vanité était caressée d'être portée assez haut pour avoir à juger le mérite des comédiens. Aussi le tailleur, traité en connaisseur, accepta-t-il cet emploi délicat avec empressement.

— Stauernaghel, je te recommande la petite Rose, lui dit Pluchonneau qui actuellement tutoyait son collaborateur. Elle a de l'intelligence et s'acquitterait à merveille, mais tu en décideras toi-même, du rôle de la villageoise qui sauve le fils du roi.

Le tailleur devant assister à la représentation en qualité d'arbitre dramatique, le vaudevilliste jugea bon de styler la Colombine.

— Tu vois, lui dit-il, ce bourgeois qui porte une épingle en diamant à sa cravate. C'est le gogo le plus réussi du boulevard; je ne te dis que ça.

Rose jeta un coup d'œil sur le personnage et regretta le temps où Francis se tenait à cette même place. Il importait peu à l'actrice qu'un spectateur fût riche et somptueux !

Avec ses semaines de théâtre, quelques minimes qu'elles fussent, la petite Rose, en y joignant ses journées de fleuriste, vivait gaie comme un pinson, et ce n'était pas pour faire montre de sa personne et mettre à prix sa jeunesse qu'elle était montée sur les planches.

Malgré l'entraînement qui le poussait à l'élaboration d'œuvres dramatiques, Stauernaghel n'en était pas moins un sot. Pendant diverses représentations, il vit défiler tout le personnel des acteurs de vaudeville, de mimodrame et de pantomime, sans remarquer un défaut ou une qualité des comédiens. Pour lui, dès le moment où un acteur se montrait devant la rampe, il était doué d'admirables qualités.

Le tailleur n'en savait pas plus long. Aussi la gentillesse de Rose ne produisit-elle aucun effet sur Stauernaghel. Il la regardait parce que Pluchonneau le lui avait recommandé; mais il était incapable de démêler par suite de quel travail de pensée la Colombine en était arrivée à ce jeu mutin et gai qui la rendait digne de figurer à côté de Deburau.

Avec ses gros yeux, Stauernaghel voyait Rose comme un bœuf regarde passer un chemin de fer.

— Eh bien, ma vieille, demanda César, qui se permettait une excessive familiarité avec le tailleur, comment trouves-tu la petite Rose?

Stauernaghel ricana avec la gaieté d'une contre-basse, exprimant assez vaguement son opinion, de façon à ne pas se compromettre dans l'esprit du photographe dont il reconnaissait la supériorité intellectuelle.

— Plus je vois cette petite, reprit Pluchonneau, plus je suis certain qu'elle fera notre affaire.

— Ah! Stauernaghel, s'écria César, quand tu auras conduit Rose au restaurant du notaire, tu m'en diras des nouvelles.

— Le restaurant du notaire! fit le tailleur avec hésitation.

Stauernaghel ignorait alors que toute liaison avec une actrice était consacrée officiellement par l'entrée dans cet établissement où se débitait une sorte de bisque aux écrevisses, et qui était la Maison-d'Or des gens de théâtre opulents du boulevard du Temple.

Les deux êtres qui s'entendaient pour exploiter le tailleur n'avaient pas été sans remarquer que la toilette riche de Stauernaghel, jointe à l'affichage de son épingle en diamant, dénotait quelque tendance à la galanterie. Le tailleur ne s'était pas ouvert sur ce chapitre délicat; mais de tels détails sont clairs pour les gens de théâtre.

Stauernaghel eût frémi à l'idée de tomber dans une bande de bohémiens campés aux portes d'une grande ville. Les habitués du café du Gibbon n'en différaient que par quelques nuances : paresse, insouciance, astuce pour vivre aux dépens d'autrui, formaient le lot de la plupart de ces gens dont les aspirations se résumaient en soif d'applaudissements, cartes, boisson, indépendance et peu de scrupules. Un guêpier!

Le tailleur fut donc jugé un être « à passions » qui se couvrait la figure d'un masque d'auteur dramatique pour mieux cacher son jeu; c'est pourquoi il fut lancé dans les filets de Rose, sur le compte de laquelle Pluchonneau se trompait.

La Colombine ne se prêta pas à cette intrigue aussi complaisamment que le croyait César. Ni les revers de velours, ni l'épingle du tailleur, devenu le spectateur de l'orchestre le plus assidu, ne la séduisirent.

Dans toute autre circonstance le tailleur eût déjà paru suffisamment majestueux : la vue de la pantomime ajoutait à sa physionomie une inquiétude particulière. Stauernaghel regardait ce tourbillon, un monde pour les esprits poétiques, comme indigne de lui Stauernaghel

Les mythes éternels, l'amour éthéré, la jeunesse, les inclinations traversées par des podagres, l'affection satisfaite, le charme de types immuables ne répondaient pas plus en lui qu'un bel accord parfait à l'oreille d'un sourd.

De ce côté, Stauernaghel restait absolument tailleur cossu.

Il entrevoyait Colombine comme une acrobate associée aux exercices de ses camarades les saltimbanques : les poses harmonieuses de l'actrice, sa joie de se mêler à ces muettes représentations ne touchaient en rien l'épais spectateur, qui trouvait la jeune fille mélancolique et s'étonnait qu'elle ne jetât pas un coup d'œil sur sa personne.

En ceci, Stauernaghel ne se trompait pas. Les regards de Rose cherchaient avec persistance Francis qui n'avait plus reparu.

Les indications de la fée protectrice des amours étaient en défaut, et madame Lefèvre ne pouvait maintenant que recommander à la Colombine d'attendre.

La fée pouvait-elle savoir que Francis, à la suite du rendez-vous manqué, était parti en vacances et que lui-même étonnait ses parents par une tristesse qu'il ne dissimulait pas?

CHAPITRE VII

CHAPITRE VII

Francis avait quitté Paris, maudissant le théâtre, la Colombine, jurant de n'y plus penser. Le lendemain de son arrivée à Abbeville, l'amoureux eût voulu retourner aux Funambules!

Il partait le matin pour Cayeux, un petit port désolé où les sables remplacent la verdure; là, étendu sur la falaise, les yeux tournés vers la mer favorable aux songeurs, il évoquait les splendeurs de la pantomime formant cadre à la jolie actrice.

Vaste mer, horizon éloigné, soleil brillant, air pur, vol rapide des oiseaux, ne sont goûtés que par les êtres détachés des passions.

Le petit théâtre mal éclairé, les décors éraillés, les oripeaux fanés des comédiens, semblaient à Francis plus beaux, plus imposants, plus mystérieux que les flots, les nuages, les voiles de navires à l'horizon. Il faut être vivement amoureux pour rabaisser ainsi la nature.

Un événement survint, qui changea tout à coup les dispositions de Francis. Un matin il apprit, par les journaux, la mort de Deburau.

Était-il possible que le comédien célèbre eût été enlevé si brusquement à l'admiration de son public? La jeunesse se fait des idées particulières à l'endroit des hommes qui ont conquis une réputation.

Ces personnages surnaturels, qui ne semblent pas vivre de la vie ordinaire, sont impalpables et appartiennent aux régions de l'idéal. Par quelles lois sont-ils condamnés à priver la foule de leurs talents?

— Il faut que je parte, dit Francis à son père.

— Pendant les vacances? Tu n'as pas de cours à suivre à Paris!

— Mon professeur est mort, reprit Francis, et mon absence serait remarquée au convoi.

— Vous devez être au moins deux mille étudiants? demanda le père.

— Sans doute; mais ils sont à peu près tous en province.

— Comme toi.

— C'est pourquoi ma présence me vaudra une bonne note.

— Comment ton professeur te saura-t-il gré de suivre son convoi?

— Et le doyen de la Faculté! répliqua Francis. Il tient à ce que les derniers devoirs rendus aux professeurs soient célébrés avec une certaine pompe... Les étudiants témoignent ainsi de leur reconnaissance pour l'enseignement.

— Un étudiant de plus ou de moins à un convoi! fit le père.

— Si chacun raisonnait avec un tel égoïsme, personne ne suivrait le corbillard. Ce soir, je pars pour accomplir mes devoirs, reprit Francis.

Sans entrer dans plus de raisons, l'étudiant fit sa malle vivement.

Le même jour, son père se rendit au cercle.

— Je suis content de mon fils, dit-il. Il témoigne, ce qui est rare chez les jeunes gens, d'une vénération particulière pour ses professeurs. Il a pris ce soir la diligence pour ne pas manquer au convoi d'un des plus célèbres professeurs de l'École de médecine.

— Quel est donc ce célèbre professeur? demanda un vieux médecin, membre du cercle.

— Francis ne m'a pas dit son nom.

— C'est singulier, reprit le docteur, je n'ai vu nulle part annoncée la mort d'un praticien connu... De mon temps, ajouta-t-il, les étudiants en vacances n'auraient jamais quitté leur pays pour assister à l'enterrement d'un professeur.

— Il paraît, dit le père de Francis, que le doyen de l'École y tient.

— Votre fils, fit le vieux docteur, me paraît doué d'une vive imagination... Les étudiants aujourd'hui sont plus forts qu'il y a trente ans.

Les habitués s'amusaient de la déconvenue du père de Francis, qui commençait à flairer quelque ruse.

— Sous peu de jours, ajouta le médecin incrédule, je vous dirai positivement ce qu'il en est du convoi auquel Francis va assister.

Le décès du mime était plus réel. En l'appelant « son professeur », l'étudiant n'avait menti qu'à demi. Deburau avait initié Francis à la connaissance d'un art qui devait disparaître avec lui dans la tombe.

Arrivé à Paris à onze heures du soir, l'amoureux courut au théâtre des Funambules. Il était fermé pour deux jours, autant pour honorer le souvenir du grand comédien que parce qu'il n'existait pas de doublure du mime. Grand, sec, bien charpenté, Deburau n'avait jamais été malade; aucun symptôme ne pouvait faire prévoir sa fin.

Francis, désappointé de n'avoir pas revu Rose, prit des renseignements sur la demeure du comédien, l'heure à laquelle on procéderait à la cérémonie funèbre.

Le lendemain, Francis se rendit à Belleville, où le mime habitait. Déjà la foule se pressait aux alentours de sa modeste habitation. Il était l'orgueil du faubourg; tous ses camarades des théâtres voisins avaient tenu à honneur de l'accompagner une dernière fois. Ce n'étaient pas les assistants banals qui se rendent à l'enterrement d'un confrère : une tristesse réelle se faisait jour sur la physionomie des acteurs des Funambules. Ayant perdu le grand chef d'orchestre de ces drames muets, ils se regardaient comme des naufragés sur un vaisseau dont la tempête vient d'enlever le pilote.

L'homme à qui une jeunesse accidentée avait communiqué des trésors artistiques que les études classiques fournissent rarement si féconds, était doué de facultés créatrices qui se répandaient comme une rosée sur la tête de ses camarades. Il était bon quoique railleur, obligeant quoique sarcastique; les difficultés de la vie n'avaient pas amoindri ses qualités de cœur. Il savait démêler chez un être à peine dégrossi ce qui pouvait être tiré d'une nature rebelle; par de bonnes paroles il encourageait les timides.

Dans la pièce d'attente, un chanteur célèbre racontait que, guindé, le corps comme enveloppé de lisières, il était à la veille d'abandonner ses études de chant lorsque, le hasard l'ayant mis en relations avec le mime, en quelques leçons Deburau lui avait enseigné certains principes d'armes, de danse et de gymnastique, qui lui avaient communiqué une aisance sans laquelle il n'eût pu exercer l'art lyrique.

Dans un coin du jardinet, derrière la petite maison, Rose évoquait le souvenir de son maître. Cet homme du peuple, sans éducation, témoignait aux femmes qui l'entouraient des délicatesses particulières. Doucement il avait enseigné l'art à la Colombine, relevant quelquefois l'enfant par des railleries, jamais par des duretés.

Quand Rose fit ses premiers pas sur les planches, le mime la prit sous sa protection et empêcha les grossièretés des gens de théâtre de l'atteindre. La débutante était pauvre. Deburau lui faisait de petits cadeaux qui contribuaient à son entretien : il lui avait appris à s'habiller d'une nippe, et il plaidait la cause de la Colombine quand une administration parcimonieuse lésinait sur le velours et la soie des costumes. C'était un père que Rose avait trouvé au théâtre : aussi l'appelait-elle respectueusement *monsieur Deburau* quand l'autre la tutoyait.

En songeant aux qualités de cœur et d'art du professeur que la mort venait de lui enlever, Rose évoquait les détails des trois années passées sous la direction d'un tel maître; années heureuses, inappréciables et bien remplies.

Francis respecta la douleur de Rose. Il n'avait entrevu jusque-là que des gens de théâtre, alertes et souriants; ce petit monde, si insouciant d'habitude, n'en était pas moins ému et songeur.

Le convoi prit la route de l'église. Le

cercueil n'était pas porté par les employés habituels des pompes funèbres : les machinistes du théâtre avaient tenu à honneur de rendre un dernier hommage à celui que, pendant de longues années, ils avaient eu l'honneur d'approcher.

Du bas de la montée de Belleville jusqu'à l'église, les fenêtres étaient garnies, comme les trottoirs étaient encombrés de gens qui saluaient encore une fois le passage du comédien dans cette rue qu'il avait traversée si souvent. Les gens murmuraient : Deburau ! Et tous suivaient d'un regard pensif le convoi du mime qu'ils ne devaient plus revoir.

A l'intérieur de l'église, les comédiens, auxquels si longtemps les portes avaient été fermées, songeaient et priaient pour le repos de leur camarade.

Le cortége se remit en marche jusqu'au

cimetière du Père-Lachaise, entraînant à sa suite ceux qui apprenaient le nom du défunt.

Les dernières prières dites, Rose jeta un bouquet de violettes sur le cercueil, et bientôt de lourdes pelletées de terre recouvrirent avec les fleurs celui qui avait égayé pendant quarante ans ses concitoyens.

La foule peu à peu se dissipa. L'actrice resta agenouillée près de la croix qu'on venait de planter en terre; seule avec ses pensées, Rose faisait une sorte d'examen de conscience. Avait-elle témoigné à son maître, de son vivant, toute la reconnaissance qu'elle lui devait pour ses conseils affectueux ?

Au-dessus de la terre fraîchement remuée, la Colombine crut voir voltiger l'âme du mime qui la remplit d'émotion.

Blotti derrière une tombe voisine, Francis suivait, pour ainsi dire, les pensées de Rose, en considérant son attitude.

Les larmes versées en mémoire de son bienfaiteur, l'actrice redevint plus calme, ayant la conscience d'avoir accompli son devoir. Une sérénité mélancolique ressortait de la physionomie de Rose, évoquant le souvenir du comédien. Sa pensée, fortement tendue vers un monde inconnu, communiquait à la Colombine une extase dans laquelle la blanche figure de l'acteur se mêlait à d'autres figures fantasques et séraphiques à la fois.

Il est un magnétisme dans la prière. Quand Rose se releva, elle aperçut à quelques pas d'elle Francis, qu'elle reconnut à un battement de son cœur.

Sans en avoir conscience, un regard si doux et si sympathique s'échappa des yeux de la petite Rose, que l'étudiant crut s'entendre appeler.

L'amoureux timide vint à l'actrice, lui prit la main et descendit la longue avenue du cimetière sans parler. Mais que de confidences refoulées s'échappaient dans ce premier serrement de mains!

Qui eût rencontré dans le Père-Lachaise les deux jeunes gens mélancoliques, n'eût pu penser qu'une actrice de petit théâtre et un étudiant se rencontraient pour la première fois. La mort d'un être sympathique purifiait cette affection et lui communiquait la gravité qui sied si bien à l'amour.

A la porte du cimetière, Rose fut prise d'un sentiment particulier de délicatesse. Elle avait trouvé naturelle la rencontre de Francis près de la tombe; elle hésitait à se trouver dans la vie en compagnie de l'étudiant.

Irrésolu lui-même, Francis marchait à côté de l'actrice, sur le trottoir, craignant de faire remarquer son amie par les passants. Les amoureux se forgent de ces chimères. Tout être qui les regarde semble un inquisiteur épiant leurs actions

— Mademoiselle, dit Francis en offrant son bras à l'actrice.

Rose le prit et, avec le bouillonnement que ce contact communiqua au sang, leurs inquiétudes s'effacèrent.

— Il était bien bon! s'écria l'actrice, pour éloigner les dangereuses pensées qui menaçaient d'être échangées entre elle et l'étudiant.

Parler du défunt, n'était-ce pas porter son deuil?

La voix de Rose parut plus douce à Francis qu'une délicate odeur s'échappant d'un flacon précieux. Cette voix, qu'il n'avait jamais entendue, résonnait en lui comme un chant d'oiseau dans l'ombre.

L'actrice parlait avec tant d'effusion des qualités du défunt, qu'elle se laissa entraîner plus loin qu'elle ne l'eût voulu.

— Il avait deviné votre bague, dit-elle.

— Ah! s'écria Francis.

Protégé par ce souvenir, il ajouta :

— Vous m'avez rendu bien malheureux en ne venant pas au passage Vendôme.

Rose regarda l'étudiant avec surprise. Alors Francis fit part à l'actrice de la lettre qu'il avait déposée chez la concierge du théâtre; il insistait surtout sur la fâcheuse issue d'un rendez-vous où se trouvait une autre femme.

— Je n'ai envoyé personne à ma place, fit l'actrice, et je n'ai pas reçu votre lettre...

Quelqu'un, ajouta-t-elle, peut l'avoir détournée et s'être amusé à mes dépens.

— Moi, je revins bien triste, dit Francis, et, sans la mort de Deburau, peut-être ne vous aurais-je jamais revue!

— Oh! s'écria Rose.

— Pourtant... je souffrais!

Ces plaintes, cet amour si délicatement exprimé, touchaient profondément Rose. Les traverses qu'on avait opposées à sa rencontre avec Francis donnaient de la vivacité à cette affection naissante. La timidité, maintenant fondue, faisait place à de mélancoliques mélodies dont Rose avait le thème en tête et auxquelles il était naturel de répondre. Sur les nuages de deuil qui s'étaient élevés le matin au-dessus du cimetière s'étendait un arc-en-ciel qui paraissait encore plus harmonieux.

Il semblait à l'actrice que l'étudiant plantait un mai aux branches duquel pendaient de tendres espérances.

Cependant la réalité reprit bientôt ses droits.

— Le nom de Deburau, dit Rose, pèse fortement sur le théâtre. Qui sait si vous m'y reverrez?

— Ne plus vous voir! s'écria Francis.

Les juives ont un instinct dramatique particulier. En quelques mots l'actrice fit entendre à l'étudiant combien était compromise l'entreprise du directeur des Funambules. Personne ne pourrait remplacer Deburau.

— Si les recettes baissent, continua Rose, le directeur se débarrassera de sa troupe de pantomime... Aucun de mes camarades n'a d'engagement... Ils se caseront à grand'peine dans quelque théâtre, chacun de leur côté... Il faudrait en ce moment un spectacle assez nouveau pour piquer l'attention du public et lui faire oublier la perte de Deburau... Lui seul faisait recette.

Francis écoutait l'actrice, et des aspirations nouvelles germaient en lui, dont il ne démêlait pas encore bien le sens.

— Il faut nous quitter ici, dit Rose, lorsqu'elle fut arrivée au canal.

— Déjà! s'écria Francis... Et je ne vous reverrai plus!

— Vous reprendrez votre ancienne place à l'orchestre.

— Oh! Rose, que vous êtes bonne!... Mais j'ai encore bien des choses à vous dire.

— Maintenant, vous n'avez plus besoin de vous sauver à la sortie du théâtre.

— Vous me permettez de vous accompagner?

— Oui, fit-elle.

— Tous les soirs?

— La bonne madame Lefèvre m'accompagnera, comme d'habitude.

— Je n'oserai vous parler.

— Nous parlerons pour vous, dit Rose gaiement.

Et, d'un pas léger, elle traversa la passerelle qui sépare Belleville du faubourg du Temple.

CHAPITRE VIII

CHAPITRE VIII

La mort de Deburau eut une action sensible dans le petit monde de la pantomime. On trouvait bien des comédiens pour se barbouiller la figure de blanc et entrer dans les habits flottants; mais ce n'étaient que des grimaciers sans finesse. De même que le plus habile praticien moderne ne peut rendre la pureté d'une figure antique, le public n'avait plus qu'un souvenir affaibli de l'ancien mime, dont les moindres mouvements étaient empreints d'une exquise délicatesse. Il était doué de vives inflexions de physionomie auxquelles sa nature prêtait une force comique ou dramatique par un imperceptible coup d'ébauchoir : de telles qualités ne s'imitent ni ne se copient.

Les acteurs de la troupe, quoique pleins de bonne volonté, ne se sentant plus commandés par leur chef, jouaient à la débandade. A l'animation extraordinaire, qui jadis remplissait la pantomime du lever à la chute du rideau, succédait une certaine mollesse. A la place de la fameuse *entrée* du comédien qui semblait une lune claire se dégageant des nuages, une sorte de brouillard gris traversait la rampe.

Si grossier que paraisse le public, et quoiqu'il ne soit pas initié à ces mystères de l'art, quand il n'est pas touché par le courant électrique qui jaillit de l'âme des grands comédiens, il subit sans l'analyser l'impression fâcheuse produite par les médiocrités et sort avec une impression de fatigue.

Ce que voyant, le directeur du théâtre fit comme ses confrères dans l'embarras. Il engagea un géant, et ses débuts furent fortement annoncés.

Ce Mac-Gregor, que l'affiche disait descendre d'une des plus anciennes familles d'Écosse, apparut un soir en costume montagnard, tel qu'il est de tradition à l'Opéra-Comique. Pour faire ressortir sa haute taille, la petite Rose lui donnait la main; mais quand le géant avait arpenté trois fois le théâtre dans sa longueur, et qu'il avait salué le public, il était à bout de son jeu.

L'exhibition manquait d'intérêt et choqua particulièrement Francis, car Rose était condamnée à s'attifer d'un vêtement ridicule pour présenter au public un Écossais, dont l'unique talent dramatique était de mesurer sept pieds quatre pouces et de manger considérablement ; aussi le succès du géant ne tint pas plus d'une semaine. Le huitième jour on entendit ce cri impératif parti du paradis : « Assez de géant ! »

Aux Funambules, un tel avertissement était écouté religieusement. Le directeur remplaça le géant par un nain.

Clichtoun, dont la nationalité ne fut pas dévoilée, semblait un embryon de notaire échappé d'une fiole de musée tératologique ; habillé de noir, le devant de la chemise artistement tuyauté, chaussé de bottes irréprochables, des bagues aux doigts, il ne manquait au nain que des cheveux. Clichtoun n'en avait guère plus qu'un nouveau-né ; quatre à cinq mèches rousses, accrochées à son énorme crâne, ne rendaient pas plus sortable sa figure, composée d'un gros front, de petits yeux et de joues tremblantes comme de la gelée.

De nouveau Rose dut présenter le nain au public; mais elle ne cachait pas à Francis son ennui d'être chargée de montrer des monstres.

— Je ne toucherais pas la main de cet affreux Clichtoun si elle n'était gantée, disait-elle.

Aussi Rose se retrempait avec joie dans la pantomime. Avec Cossard, l'Arlequin de la troupe, elle était seule ayant le véritable sens dramatique de ces drames muets. A eux deux, ils s'efforçaient de faire oublier au public la disparition de Deburau.

A cette époque, les ailes de la Colombine, qui jusqu'alors avaient été à demi pliées, se déployèrent tout à coup. Rose sentit une étincelle d'art dramatique descendre dans son esprit et lui communiquer la certitude qui lui manquait. D'un hardi coup de jambe dans la bosse de Polichinelle, un de ses habituels soupirants, elle envoya rouler à terre son camarade qui ne s'y attendait pas. Elle marcha hardiment sur le corps de Cassandre, qui gardait la porte de sa fille pour l'empêcher de rejoindre Arlequin, et le beau Léandre fut gratifié par Rose d'un de ces revers de main sonores qu'on croyait enterrés dans la tombe de Deburau.

Francis se laissa aller à donner le signal des applaudissements, auxquels toute la salle se joignit. Ce jour-là, le public rappela Rose, et elle reparut, émue et fière, faisant passer dans un regard dirigé vers l'étudiant, les sympathies dont on l'accablait.

— Te voilà posée, ma petite, dit à l'actrice madame Lefèvre, qui n'était pas jalouse des succès de ses camarades.

Ce fut avec un cérémonial particulier qu'elle bénit de sa baguette magique les amours de Colombine et d'Arlequin.

Stauernaghel regardait cet enthousiasme avec ses gros yeux dont la flamme avait sans doute passé dans son épingle en diamants, car ils étaient mornes et incolores.

— Je t'avais averti que la Colombine avait de l'avenir, dit César au tailleur. Il faudra que je te présente à la petite Rose.

Le samedi, jour de la paye :

— Mon enfant, dit le directeur à Rose, à partir d'aujourd'hui, tu toucheras dix francs par semaine.

Quel triomphe! Augmentée sans l'avoir demandé! Rose pouvait à peine y croire. Elle réussissait.

On ne sait pas quelles joies ineffables contient ce mot : *Réussir! Avoir du succès!* Alors l'artiste sent son âme pénétrer dans mille âmes. Il dispose à son gré de la manne bienfaisante qui communique un instant de délassement à tant de gens pauvres, affairés, désireux d'oublier les misères de la vie.

Le comédien, à ce moment, ne se sent plus un être ordinaire; il possède des trésors de jouissances qui n'appartiennent qu'à lui et qu'il peut répandre à sa fantaisie.

Rose comprit alors les lettres encourageantes de Francis, qui n'avait pas douté de son talent. Ces lettres devenaient fréquentes.

Francis ne se contentait plus d'accompagner l'actrice, le soir, jusqu'à sa porte; il lui glissait dans la main des billets dans lesquels l'amour pointait à chaque ligne, à la faveur de l'art dramatique.

L'étudiant appartenait à la classe des amoureux qui aiment encore plus leur maîtresse éloignée que près d'eux. En présence de Rose, Francis éprouvait toujours une certaine contrainte et il ne parvenait qu'avec de vifs efforts à ouvrir à un battant la porte de son cœur. Loin d'elle seulement, l'autre battant s'ouvrait et donnait passage à des sensations entêtées comme des animaux qui ne veulent pas sortir d'une grange pendant l'incendie.

Sensations si brûlantes, en effet, que Francis n'osait laisser exprimer à ses lèvres ce qu'il confiait au papier.

Pour la première fois, Rose entendit un amoureux cantique des cantiques, doux, violent, timide, impérieux, abattu et exalté à la fois.

Elle aussi suivait avec la seconde vue la vie du pauvre garçon. Elle soupçonna ses privations, car Francis grevait son modeste budget d'étudiant d'une somme régulière de quarante-cinq francs, destinée aux entrées quotidiennes au théâtre et à des bouquets. Quarante-cinq francs à retrancher chaque mois sur cent francs!

— Vous devriez chercher à obtenir vos entrées, lui dit un jour Rose.

— Comment faire? demanda Francis.

— Vous aimez la pantomime, vous la comprenez. Pourquoi n'en présenteriez-vous pas une au directeur?

— J'y avais déjà songé, dit Francis, et j'ai essayé, mais sans en venir à bout.

— Est-ce vraiment si difficile? Quand une pièce traîne, le directeur en commande une nouvelle à Frédéric, le régisseur; le lendemain, il vient nous raconter son scénario.

— Sans l'avoir écrit?

— Le régisseur nous dit : Vous ferez

ceci, cela; il nous place, enfin il règle la pantomime.

— Je ne pourrai jamais, s'écria Francis.

— Maintenant, quand il s'agit d'une pièce plus considérable de fin d'année, les auteurs l'écrivent. M. Adolphe, M. Théodore, M. Pluchonneau lisent leurs scénarios.

— Je comprends mieux ainsi.

— Je suis sûre, monsieur Francis, que vous me feriez un joli rôle!

— Oh! oui, s'écria l'étudiant.

— Je me sens portée à jouer un rôle de Casse-tout, ajouta Rose. Comme ce serait amusant!

Francis écoutait attentivement la petite juive.

— Je voudrais, dit-elle, traverser le théâtre en l'air, sauter d'un balcon à un autre.

— Mais c'est un rôle d'Arlequin? dit Francis.

— A peu près. Mon rêve serait de disparaître par une trappe et d'apparaître une seconde après à la fenêtre d'un second étage... Le directeur ne m'a pas augmentée pour rien faire... Je veux me donner beaucoup de mouvement, émoustiller par mon exemple la moitié de la troupe, dont déjà se plaignait M. Deburau...

Rose s'arrêta comme si elle écoutait une voix intérieure.

— Oui, dit-elle, je vois la pièce... Oh! que ce serait drôle! s'écria-t-elle en se frappant les mains.

— De quoi s'agit-il? demanda Francis.

— Vous n'en parlerez pas?

— Je ne connais personne dans le théâtre.

La Colombine, en parlant de la conception de cette œuvre, semblait à Francis une pythonisse qui lui révélait les mystères d'un art hiératique.

— Dans votre pièce, reprit Rose, donnez aux rôles d'Isabelle et de Léandre plus de développement qu'on ne l'a fait jusqu'à présent. Victor, qui joue les Léandre, est un mauvais comédien; la fille de la concierge est pitoyable... Tant mieux... Léandre me fera momentanément la cour; Isabelle, pour se venger, me dénoncera à Cassandre... Et alors je me charge du reste, dit Rose qui, avec son instinct de femme, devinait que la lettre de Francis avait été dérobée par la fille de la concierge.

— Ma pièce est à moitié faite, s'écria l'étudiant. Que vous êtes bonne, mademoiselle Rose!

— Mademoiselle est de trop dans les

coulisses, dit la juive... Appelez-moi Rose tout court.

Francis se sentit poussé par un mouvement intérieur qui le portait à embrasser l'aimable fille.

— Quant à l'auteur, dit Rose qui comprit cette pensée, c'est différent ; je dois le respecter. Aussi continuerai-je à vous appeler monsieur Francis.

— Oh! fit l'étudiant.

— Il faut suivre la règle, répliqua Rose en souriant... Me serait-il possible d'écouter vos conseils aux répétitions, si je ne vous traitais pas avec la déférence qui est due à un auteur?

Ce fut un événement dans la vie de Francis que cette conversation. Une telle certitude, une telle confiance en elle-même résultaient des paroles de la Colombine, que le débutant sentait toutes les difficultés s'aplanir. En parlant, la petite Rose se révélait plus encore qu'au théâtre. On sentait ce qu'elle pensait, ce qu'elle voulait, ce qu'elle pouvait.

Francis quitta l'actrice, suivi d'un cortége de masques souriants et alertes, qui mettait l'esprit en belle humeur. Tout ce petit monde, avec ses habits de couleurs bigarrées, ses paillons et ses grelots, réjouissait les yeux et les oreilles, et les remplissait de colorations et de sonorités particulières.

La mansarde de l'étudiant fut dès lors peuplée d'un groupe de fantoches chimériques qui faisaient paraître savoureux le morceau de pain que, par économie, Francis mangeait à ses repas.

Un sommeil transparent s'empara de l'étudiant, qui voyait les idées dramatiques se mouvoir et poser des fondations la nuit, semblables aux bons petits gnomes du Nord travaillant à l'ouvrage des servantes qui se reposent.

Un à un, les masques des Funambules apparaissaient et disaient :

— Moi, je représente la vieillesse qui s'oppose aux amours.

— Moi, la jeunesse, je me ris des verrous et des fenêtres cadenassées

— Moi, j'ai beaucoup d'argent, je me paye des jolies filles, de bons vins et de bons dîners.

— Moi, la jolie fille, je fais la nique à l'argent et je me moque des financiers.

Eux-mêmes, les soufflets, la batte, les gourdins et la baguette magique se présentaient comme des êtres animés et disaient :

— Moi, avec un revers de main, j'aplanis les situations.

— Moi, je rosse ceux qui s'opposent aux amours.

— Moi bâton, je ne reconnais ni puissants ni riches, et les échines des grands seigneurs sont celles que j'aime à caresser et qui appellent la plus copieuse volée de mes agitations.

Dans cette vision, les personnages s'entremêlaient au son de *pif! paf!* de *vlan!* retentissants qui animaient l'action et la prolongeaient jusqu'au réveil de l'étudiant.

Alors Francis sautait de son lit et jetait sur le papier les motifs nocturnes que lui avaient apportés ces fécondants collaborateurs, tandis qu'au-dessus d'eux planait la gentille Colombine qui, toujours souriante, invitait l'auteur à la suivre du regard et à écouter ses inspirations.

Ce fut vers l'époque où Francis était en plein travail que Stauernaghel fut officiellement présenté au directeur du théâtre par le photographe César.

La mort de Deburau avait produit un vide dans les spectateurs; ce vide était notoire également dans la caisse des Funambules.

Le public de ce petit théâtre offrait de certaines ressemblances avec celui de l'Opéra, en admettant que le premier bâton d'une échelle soit jugé semblable au dernier.

Si les gens des classes riches se plaisent à voir chaque soir leurs maîtresses dans le corps de ballet, les gamins du boulevard du Temple, avec des aspirations moins sensuelles, admiraient chaque soir leur mime favori et apportaient au théâtre des Funambules l'idéal latent d'un certain

Beau, résultant de l'harmonie des formes et des gestes du comédien.

Malgré le charme de Rose, la tradition d'un petit théâtre toujours plein était rompue, et le directeur songeait avec amertume aux fournées de spectateurs qui jadis ne se plaignaient jamais de l'empilement et payaient bravement leurs quatre sous pour rester debout. Le public actuel se perdait, comme le gaz, par une de ces fissures qu'il est impossible de boucher. Que faire?

Les phénomènes n'avaient pas pris, car, si les instincts grossiers de la foule sont momentanément attirés par l'exhibition de monstres, un sens caché de l'harmonie existe chez le peuple dont l'esprit n'est pas blasé. Le géant, le nain, n'avaient pas paru *rigolo,* ce qu'une grande intelligence, préoccupée des sensations populaires, eût traduit par le dégoût produit dans les masses par toute monstruosité.

Stauernaghel frappa naturellement le directeur par la splendeur de son manteau à revers de velours. Un auteur si somptueusement habillé ne sortait pas des *boui-boui* voisins. Il n'appartenait en rien à la classe des nègres du café Achille, qui, travaillant à raison de trois francs l'acte, n'inspiraient aucune considération au souverain qui régnait aux Funambules.

Stauernaghel semblait faire partie de la caste des administrateurs. A proprement parler, son regard n'était pas animé du rayon intellectuel qui attire l'attention des hommes ; mais le tailleur « portait beau » et possédait l'assurance des êtres qui, dans la vie, marchent suivis d'un cortége respectable de capitaux.

César indiqua, en peu de mots, le but

de la démarche de Stauernaghel auprès du directeur. Il s'agissait d'une conception dramatique si forte qu'elle devait porter des acteurs même médiocres, c'est-à-dire les placer dans un tel jour qu'ils n'avaient qu'à se laisser aller au fil de l'action.

La présentation faite, on prit immédiatement jour pour lire le premier acte

Alors Pluchonneau fut habillé de neuf des pieds à la tête pour la septième fois.

Jusque-là, Stauernaghel avait livré avec réserve diverses pièces d'habillement, suivant les idées qu'apportait son collaborateur; mais, pour que ces vêtements ne disparussent pas dans la gueule du mont-de-piété, sans cesse béante pour le vaudevilliste aux abois, César fut chargé de lui remettre chaque jour une prime supplémentaire de un franc cinquante.

— Stauernaghel veut avoir un collaborateur convenable, dit César à Pluchonneau. Tu le choques par ta tenue. Tous les matins, je te compterai trente sous jusqu'à la représentation de la pièce.

Cette prime eut un fâcheux effet. Elle développa la paresse naturelle du vaudevilliste. Pluchonneau, ayant calculé que ce subside pouvait s'allonger indéfiniment, n'écrivit pas une ligne, mais prit l'attitude d'un poëte en quête d'idées.

— Le premier acte est d'une telle venue, disait-il à Stauernaghel, qu'il est indispensable que la suite de la conception y réponde.

Pluchonneau, prodigue de théories, en assassinait le tailleur, lui soumettant des difficultés dramatiques dont sont bourrés les gens de théâtre. Apportait-il le scénario de quelques scènes nouvelles qui faisaient ouvrir de grands yeux à Stauernaghel, la conférence ne se passait pas sans que ces motifs ne fussent irrévocablement condamnés par le vaudevilliste, qui se livrait sur sa propre œuvre à une impitoyable castration.

Cependant Stauernaghel avait été introduit dans les coulisses par César qui avait fait d'avance la leçon aux comédiens. Il amenait, disait-il, un de ces hommes généreux, passionnés pour l'art dramatique, dont la manne bienfaisante devait se répandre sur toutes les têtes.

La présentation avait pour but plus spécial de mettre directement le tailleur en relations avec Rose. L'actrice reconnut vaguement le spectateur qui, depuis quelque temps, fréquentait l'orchestre.

De même que les orateurs qui, en chaire, au barreau ou dans les grandes assemblées, s'adressent à un être que leurs regards choisissent, la Colombine jouait pour Francis; elle n'avait pas été toutefois sans remarquer ce gros homme à tête de veau, mais médiocrement attractif.

Sans égard pour la recommandation de César, Rose enveloppa le tailleur d'un de ces coups d'œil impertinents qui apprennent à un initié qu'il est « toisé ».

— Petite Rose, si tu veux être sage, lui dit le photographe, M. Stauernaghel te destine un beau rôle dans la pièce qu'il prépare.

La Colombine s'inclina avec un air de mutinerie qui ne faisait pas présager la déférence souhaitée par César.

— Qu'est-ce que je jouerai? demanda-t-elle.

— Un rôle de paysanne.

— Avec des sabots, monsieur? dit-elle en s'adressant à Stauernaghel.

Le tailleur, du regard, consulta César sur ce détail.

— Peut-être oui, dit le photographe.

— Et de la paille dedans? ajouta Rose.

De nouveau, Stauernaghel implora la protection de César. Il avait un vague sentiment que la petite actrice se moquait de lui

— Par exemple, au second acte, reprit la Colombine, je veux des escarpins... N'est-ce pas, Stauernaghel? une paysanne peut bien porter des escarpins?

Le tailleur ne répondait pas, effrayé de ces volontés de coulisses. Le photographe en eut pitié.

— Sois aimable avec Stauernaghel, dit-il à Rose en la prenant à part, et rappelle-toi qu'il est très-généreux avec les jolies filles.

— Flûte! dit la Colombine en se dressant sur ses pointes.

Tous les soirs, malgré ce mot qui termina l'entretien, Stauernaghel vint rôder dans les coulisses, et, suivant les instructions de son conseiller César, il fit une cour assidue à Rose.

La cour du tailleur consistait en ceci :

— Bonjour, mademoiselle, disait-il en se plantant devant elle avec son diamant fascinateur à la cravate.

La Colombine le regardait avec la mine futée d'une souris qui, flairant un chat dans un appartement, se hasarde seulement à sortir son museau du trou. Ou bien elle répondait par des pointes sarcastiques, car son pied la démangeait et elle eût été ravie de l'envoyer, par hasard, dans la direction de ce soupirant qu'elle tenait pour un Cassandre.

L'audience terminée (elle ne durait pas plus de quelques secondes), Rose tournait le dos à Stauernaghel et regardait par le trou de la toile si Francis était à son poste dans la salle; mais ce manége ne lui suffit bientôt plus.

Un vieux machiniste, le doyen du théâtre, était chargé depuis quarante ans de lever et de baisser la toile; ces fonctions importantes, il les accomplissait avec solennité, se regardant dans son coin comme l'homme indispensable de la maison.

— Père Bastien, lui dit Rose de son ton de voix le plus caressant, te serait-il égal, après le vaudeville, de ne pas descendre le rideau jusqu'au plancher?

Le machiniste regarda avec étonnement l'actrice qui lui indiquait de la main un intervalle d'un demi-mètre plus élevé que les planches.

— Comme ça? dit-elle.

— Mais, mademoiselle, quand on balayera la scène, la poussière se répandra dans la salle.

— Bah! s'écria Rose, qui se souciait médiocrement du public.

— Les spectateurs verront arroser, ajouta le machiniste.

— Mon petit Bastien, je t'en prie...

— Que dira le directeur?

— Je m'en charge, répondit Rose... Ce n'est pas par caprice que je te demande ce petit service... Il s'agit d'une étude pour une pièce nouvelle. L'auteur voudrait, de la salle, se rendre compte d'un détail.

L'honnête machiniste se laissa prendre à ces raisons et obéit à la Colombine. Dès lors, entre les deux pièces et avant que le rideau ne fût baissé entièrement, Rose dansa pour Francis un pas inédit qu'elle avait expressément composé pour lui. Ce motif de ballet eût certainement étonné le public; mais il se jouait pendant l'entr'acte, alors que la majorité des spectateurs était sortie.

Relevé à un demi-mètre du plancher, le rideau laissait voir le mouvement des allants et venants de l'intérieur du théâtre, les pieds massifs des gens de service et des pompiers. On devinait à l'écartement des jambes les gens qui causaient, ceux qui étaient pressés de traverser la scène.

Ce fut alors que Francis aperçut tout à coup, aux environs de la cabine du souffleur, les deux pieds les plus mignons qui se pussent imaginer. Ils étaient chaussés de bottines roses montantes qui dessinaient des jambes idéales, dont malheureusement les lignes serpentines étaient coupées par la toile. Ces petits pieds alertes et mutins semblaient mis en action par du vif-argent.

Francis ne pouvait quitter des yeux ces

bottines qui, par la vibration qu'elles excitaient dans son cœur, ne pouvaient appartenir à d'autres qu'à la Colombine. Cependant quand, quelques minutes plus tard, la toile se leva, Rose se montra avec des bottines bleues. L'amoureux en resta stupéfait. Avoir attribué à son amie des jambes qui étaient celles d'une autre actrice constitue une de ces infidélités que se reprochent les cœurs purs.

Francis chercha en vain parmi les figurantes les bottines roses qui l'avaient trompé si grossièrement. C'étaient de pauvres filles du quartier du Temple, mal habillées, mal chaussées, et qui ne possédaient nullement le frétillement spirituel qui avait rendu Francis rêveur pendant l'entr'acte.

Rose s'était amusée aux dépens de l'étudiant. Comme les femmes de Lima qui, poursuivies par un galant, changent de *saya* au premier coin de rue et apparaissent encapuchonnées de noir, quand à quelques instants de là leur œil noir brillait sous une mante de couleur vive, Rose avait changé tout à coup de bottines, et si elle demanda le soir pardon à Francis de lui avoir causé quelque trouble, elle le fit avec une malice que bien des hommes eussent enviée.

Cet incident donna plus tard naissance au joli titre des *Fantaisies de Colombine*, que l'amoureux inscrivit sur la première page de son manuscrit.

Le lendemain, les gens de service arrosaient le plancher, répandant l'eau par petits ronds. Rose, pour ne pas gâter ses bottines, pirouettait et suivait le dessin formé par les gouttes d'eau. Ainsi la danseuse engageait une lutte piquante avec l'arrosoir, dont ses pas formaient une sorte d'écho. Ce détail, que Francis croyait produit par le hasard, se renouvela pendant les entr'actes des jours qui suivirent, avec des variantes qu'imaginait la spirituelle Colombine. L'étudiant en fut tellement frappé que dans son esprit se dessina le pas de l'arrosoir, un de ces motifs nouveaux que ne trouvent pas les maîtres de ballet et que seul fournit l'amour.

Jamais Francis n'avait éprouvé un tel charme. A une affection sans désirs se joignit alors une bouffée presque sensuelle, rendue plus provoquante encore par la barrière de toile qui empêchait de voir Rose; mais l'étudiant devait souffrir de la phase nouvelle dans laquelle entrait son cœur.

Un soir Francis aperçut les pieds d'éléphant de Stauernaghel faisant une sorte de planton auprès des bottines de la danseuse. Quelqu'un, dans l'intérieur du théâtre, s'adressait à Rose, et ce quelqu'un portait un pantalon de drap noir, qui n'avait rien de commun avec la grossièreté des vêtements des gens du théâtre.

La jalousie s'empara de l'étudiant qui, en reconduisant Rose, se montra visiblement soucieux.

— Qu'avez-vous, monsieur Francis? demanda la danseuse.

— Rien, mademoiselle.

— Si! La preuve, c'est que vous m'appelez mademoiselle.

Francis ne répondit pas. Il avait peur que sa jalousie n'éclatât, et quoique légitime, il en craignait l'explosion.

— Vous n'êtes pas aimable aujourd'hui, monsieur Francis, dit Rose.

L'étudiant baissa la tête sans répondre.

— Parlez donc! s'écria l'aimable fille qui voulait avoir raison de l'abattement de Francis. Est-ce moi que vous accusez? Je veux que vous vous expliquiez, entendez-vous, monsieur?

Avec vivacité, elle lui prit le bras, et Francis sentait battre le cœur de la Colombine.

— Maudit théâtre! dit l'étudiant. Je voudrais ne plus vous y voir... Entourée, courtisée par trop de gens, vous me faites mal!

— Que vous êtes injuste! Moi qui ne joue que pour vous, ingrat!

— Eh bien! dit Francis prenant son courage à deux mains, je vous ai vue pendant l'entr'acte. Vous avez causé longuement avec quelqu'un qui n'appartenait pas au théâtre.

— C'est vrai! Mais vous devenez d'une exigence!... dit Rose piquée. Voudriez-vous m'empêcher de causer avec monsieur Stauernaghel, qui me destine un rôle?...

— Qu'est-ce que monsieur Stauernaghel? demanda Francis.

— Un homme riche.

— Je l'avais bien deviné! reprit l'étudiant.

— Riche, mais idiot... Il a la manie de faire des pièces...

— Et il se trouve tous les jours en rapport avec vous!... Je hais cet homme, s'écria Francis.

— Mon ami, vous feriez mieux de terminer votre féerie.

Francis secoua la tête mélancoliquement.

— Si la pièce était terminée, vous la porteriez au directeur; et alors, admis dans le théâtre, vous verriez combien vos soupçons sont peu fondés.

— J'ai tort, dit Francis... Rose, pardonnez-moi... C'est parce que je vous aime que je souffre... Oui, je suis injuste... Mais cette nuit ne se passera pas sans que j'achève ma féerie... Demain matin je la mettrai au net...

— Bon. Courage!

— A quelle heure puis-je me présenter au théâtre pour parler au directeur?

— A deux heures. La répétition sera terminée.

— Serez-vous là?

— Soyez exact, j'attendrai votre arrivée; mais il faut qu'à deux heures et demie je rentre à mon atelier... Allons, travaillez ferme, dit la Colombine en serrant la main de l'amoureux.

CHAPITRE IX

CHAPITRE IX

En quittant Rose, Francis ne fit qu'une course du faubourg du Temple au quartier latin. Le moment était venu d'en terminer avec le grand œuvre. Peut-être la féerie fût-elle restée encore un certain temps en gestation dans la pensée de l'étudiant, si l'incident Stauernaghel ne l'avait éperonnée. Il ne s'agissait plus à cette heure de se promener dans les méandres vagues où l'homme suit l'idée qui vole, s'approche et s'enfuit comme un papillon. Il fallait s'en emparer, la brutaliser au besoin. Certaines œuvres ont besoin du forceps.

Cette nuit, la plume de Francis obéit à l'esprit impérieux. Le scénario de la pantomime se déroula avec une activité fiévreuse qui ressemblait à celle des acteurs chargés de l'interpréter. Ne pouvant plus reculer, Francis entassa les situations avec l'exhubérance de la jeunesse qui ne croit jamais assez donner, et ce ne fut que brisé par la fatigue que l'étudiant s'étendit sur son lit après avoir semé par la chambre de nombreux feuillets manuscrits où l'encre avait creusé de noirs ravins.

L'homme avait l'esprit satisfait, mais le corps anéanti; trop de pensées fumaient encore dans le cerveau pour permettre au sommeil de le délasser. D'ailleurs Francis n'avait que dégrossi son travail, et le souvenir de Rose emplissant la mansarde, commandait à l'étudiant de ne pas s'oublier dans le repos.

Ayant ouvert sa fenêtre et regardé machinalement un coin de ciel qui apparaissait à travers les cheminées des toits voisins, Francis se remit au travail. Pour la première fois, il connut les joies de la révision. Ce qui s'échappe de l'esprit dans un premier élan, l'artiste en a à peine conscience, troublé par des flammes jointes à des nuages de fumée qui rappelle celle des volcans.

Après un court repos, Francis examina les traces de l'irruption. La raison redevenue maîtresse le rendait inquiet et douteur; cependant, à mesure qu'il recopiait son manuscrit, l'étudiant sentait une douce joie filtrer en lui. Des situations véritablement nouvelles avaient été jetées sur le papier comme par une main étrangère, et Francis admirait la pensée laborieuse qui, du cœur, était allée au cerveau à diverses reprises et avait produit, grâce au souvenir de la Colombine, des motifs qui étonnaient leur propre créateur.

Des détails, auxquels l'amoureux ne semblait s'être jamais arrêté, étaient venus s'ajuster les uns aux autres, parfois trop touffus, mais dans lesquels l'espace était facile à ménager. Comme un bronze après sa coulée dans un moule, il ne s'agissait plus que d'en enlever les coutures. Une besogne plus longue que difficile.

A deux heures de l'après-midi, Francis était à la porte des Funambules, après avoir traversé Paris avec des ailes. Il allait s'entretenir avec un étranger, lui soumettre son œuvre!

Comme l'étudiant montait le noir escalier du théâtre, sentant sa décision faiblir à chaque marche :

— Courage! lui souffla une voix.

Rose attendait Francis. Elle lui prit les mains et les pressa pour lui communiquer plus d'assurance.

— Le directeur est dans son cabinet, dit-elle. A ce soir!

Francis frappa à une petite porte.

— Entrez, dit une voix rude.

L'étudiant ouvrit la porte et se trouva dans un endroit éclairé par un bec de gaz qui répandait une blafarde lumière sur un homme occupé en ce moment à fouiller dans un carton de bureau. Ce fut comme une fantasmagorie, mais blême et froide. Francis, arrivant du plein jour de la rue, se trouvait tout à coup dans un étroit cabinet encombré de mille choses diverses, qui ressemblait plutôt à l'intérieur d'une boîte en désordre qu'au cabinet d'un directeur de théâtre.

— Que voulez-vous? demanda l'homme, dont les lunettes bleues semblèrent terrifiantes à l'étudiant.

Francis, sans répondre, tendit instinctivement son manuscrit en avant, et il lui sembla que le directeur regardait de travers ce rouleau de papier.

— Qu'est-ce? reprit sèchement l'administrateur.

Francis éprouva la sensation d'un homme qui tombe dans une eau profonde sans savoir nager. Ses oreilles bourdonnaient. Il ne voyait ni n'entendait. Toutefois le souvenir de Rose lui rendit courage et il essaya d'aller contre le courant.

Alors eut lieu un phénomène semblable à celui de la nuit de travail. L'étudiant parla sans s'inquiéter s'il était écouté. Malgré les terribles lunettes-bleues tournées vers lui, Francis dit l'admiration qu'il avait pour l'art de la pantomime, son assiduité au théâtre, le trou que Deburau avait creusé ; il apportait une féerie, dans laquelle les comédiens pouvaient déployer des facultés nouvelles.

Les gens de théâtre les plus blasés se nourrissent d'illusions. Ils ont besoin d'affirmation, veulent être étonnés et ne demandent qu'à croire à l'imprévu.

La jeunesse de Francis, la flamme avec laquelle il parlait, son assurance de personnage timide, qui est la plus vive qu'un homme puisse ambitionner, frappèrent l'entrepreneur dramatique.

— Eh bien! dit-il, lisez-moi votre pièce.

L'amoureux eut alors une de ces inspirations de vieux routiers dramatiques qui savent pleurer et rire aux bons endroits, qui frappent sur le bras et les jambes des directeurs, en les forçant de s'associer à leur enthousiasme.

Plein de croyance en son œuvre, Francis brûlait la lecture des endroits qu'il sentait faibles, s'appesantissait sur les situations amusantes, se levait, marchait, gesticulait, jouait sa pièce et détaillait le rôle de Rose en véritable amoureux.

Plus d'une fois le directeur voulut faire des objections. Francis ne lui en laissait pas le temps. Sa lecture lancée à fond de train, il ne connaissait plus d'obstacles.

— Ça me va, dit le directeur après la lecture.

— Vrai! s'écria Francis.

— J'aurais bien quelques observations à faire... D'abord, vous lisez trop vite et votre pièce m'a paru un tourbillon; mais il y a du bon.

— N'est-ce pas? C'est ce que je pensais, reprit Francis à qui la joie enlevait toute modestie.

— Mais j'ai besoin d'entendre une seconde lecture plus calme. Venez demain soir, pendant la représentation, nous détaillerons chaque acte de votre pièce en présence de mon régisseur, et nous verrons, mon garçon, le parti à prendre.

Mon garçon! Jamais Francis n'avait entendu une appellation plus douce. Il eût volontiers sauté au cou du directeur. L'étudiant était pris de délices ineffables d'avoir pénétré en quelqu'un.

Ceux qui l'auraient rencontré sur le boulevard, à la suite de cet entretien, eussent jugé l'homme tout à fait déraisonnable : tout le corps s'agitait, les bras faisaient des gestes bizarres, les yeux et la bouche souriaient. Francis eût voulu communiquer sa félicité à tous les passants. Où il allait? Il n'en savait rien, entraîné par ses pensées.

Ses pensées le conduisirent dans la rue Vieille-du-Temple, devant une vieille façade sur laquelle se détachait un écusson noir portant : *Fabrique de fleurs artificielles. Au cinquième.*

Rose travaillait dans cette maison. Francis donna ordre à sa pensée de s'introduire dans l'atelier et de souffler ce mot à l'oreille de la petite fleuriste : *Reçu.*

Une seconde il attendit son messager, et il reprit sa route avec la certitude que la commission était faite. Les amoureux ne doutent de rien, et, de même que les grands conquérants, n'admettent pas le mot *impossible*.

En train de commettre toutes sortes d'audaces, Francis monta chez son correspondant, M. Carcassonne.

Comme d'habitude, le négociant était dans sa cage treillagée à rideaux verts, occupé à coucher sur le brouillard les commandes de la journée, et répondant à ses commettants de province que de jour en jour son encre se renforçait de qualités exceptionnelles.

— Bonjour, monsieur Carcassonne.

— Francis! Par quel hasard? demanda le négociant, étonné que l'étudiant se trouvât l'après-midi rue de la Verrerie.

— Je voulais vous annoncer la bonne nouvelle... J'ai une pièce reçue.

— Une pièce! s'écria M. Carcassonne dont la pensée immédiate alla de la rue des Bourdonnais au quai de Bercy.

En matière d'œuvres manufacturées, le fabricant d'encre ne connaissait qu'une pièce de drap ou une pièce de vin.

— Je ne saisis pas bien ta bonne nouvelle, dit-il, s'apercevant alors combien le regard humide de joie de l'étudiant reflétait de jouissances ineffables.

— Une pièce de théâtre! s'écria Francis. Je viens de la lire au directeur.

La calotte grecque de M. Carcassonne tressauta sur sa tête. Un étudiant en droit qui faisait des pièces de théâtre l'étonnait autant que si les tonnes d'encre du magasin se fussent remplies de lait.

— Madame Carcassonne! cria-t-il

Un tel fait était d'une explication si compliquée qu'il fallait être au moins deux pour le comprendre.

D'une autre petite cage treillagée, à rideaux verts, qui faisait pendant à la première, un guichet s'ouvrit et la femme du marchand d'encre apparut, la main penchée sur un gros registre de Doit et Avoir, où elle mettait au net les écritures de son mari, trop préoccupé de la fabrication de son encre pour trouver le calme nécessaire à une parfaite calligraphie.

— Francis prétend qu'il a une pièce reçue, dit le négociant en faisant à sa femme un clignement d'œil significatif qui voulait dire : attention, prenons garde!

Francis redit la fameuse nouvelle, et ajouta qu'il sortait des Funambules.

— Ce n'est donc pas au Grand-Opéra? s'écria madame Carcassonne.

— Et ça te rapporte, ta pièce? demanda le marchand d'encre.

— Je ne m'en inquiète pas, dit Francis, traitant avec mépris un détail si misérable.

— Et ton père, que va-t-il penser? reprit M. Carcassonne.

Francis vit alors la gueule du loup s'ouvrir.

— Tant que ma pièce ne sera pas représentée, il est inutile de lui en parler.

M. Carcassonne et sa femme échangèrent un regard de satisfaction témoignant de l'astuce profonde de leurs questions.

— Mais enfin, dit le marchand d'encre, qu'est-ce qui t'a poussé à composer une pièce? Tu dois avoir un but.

— Un but! répéta l'étudiant étonné.

— Oui, un but moral.

A la façon dont Francis regarda madame Carcassonne, la bourgeoise comprit à demi.

— Mon but, dit l'étudiant, est de faire triompher la jeunesse et l'amour. Pif! paf! Les soufflets se mêlent à l'action. (Francis frappa bruyamment ses mains l'une contre l'autre.) Pour échapper à des embûches, mes personnages disparaissent. (Francis se laissa tomber.) L'orage passé, ils reparaissent. (Francis grimpa sur une chaise.) Ils se poursuivent sans cesse... (Francis courut autour du magasin) jusqu'à ce qu'une apothéose inonde de ses rayons leur triomphe. Malheureusement, de ceci, je ne peux vous donner l'idée.

M. Carcassonne suivait avec inquiétude cette exposition dramatique, qui le troublait extraordinairement.

— Eh bien! non, je ne comprends pas, dit-il à sa femme après le départ de Francis... Je cherche, je me raisonne, la clef me manque.

— Moi, je crois deviner, répondit madame Carcassonne... Il doit y avoir une femme là-dessous.

— Grand Dieu! Une actrice! Pauvre père!

— Francis, continua madame Carcassonne, m'a frappée par ses yeux, sa voix...

— Mon devoir de correspondant est de prévenir immédiatement les parents de Francis.

— Attendons la fin du mois, dit madame Carcassonne... Nous verrons bien à l'attitude de Francis s'il y a péril.

A peine sorti, l'étudiant se repentit de son indiscrétion; mais il avait soif de confier son bonheur à quelqu'un. Les incidents de l'après-midi lui pesaient. Il sentait qu'il n'attendrait jamais jusqu'au soir pour en parler à Rose.

Heureusement, Francis avait pour compagnon un étudiant qui habitait dans l'hôtel garni une mansarde à côté de la sienne.

Baudry, appelé dans le quartier latin pour faire ses études, était l'un des plus grands travailleurs de l'École de médecine, sauf qu'il ne mettait jamais les pieds à la Faculté. Retiré dans sa mansarde, il se livrait assidûment à l'anatomie de la poésie et fabriquait incessamment des liasses de romances qu'aucun éditeur n'avait voulu encore accepter.

Francis lui conta tout au long la réception de sa féerie. Baudry admira profondément son camarade qui s'ouvrait en conquérant les portes d'un théâtre, quand lui, poëte, avait inutilement cherché un musicien pour envelopper de mélodie ses rimes.

— Tu es bien heureux, dit-il à Francis.
— C'est Rose qui a tout fait.

Baudry soupira. Il avait déjà envoyé divers morceaux de poésie à une petite blanchisseuse d'un atelier voisin, sans se douter que l'ouvrière, ne sachant pas lire, pouvait difficilement répondre à ses amoureuses déclarations.

— Une fois arrivé, dit Francis, je te pousserai.

C'est pourquoi Baudry avait accepté le rôle de confident qui dissipait parfois les inquiétudes de Francis; mais la meilleure confidente était la Colombine, depuis surtout qu'elle marchait de concert avec l'étudiant et lui aplanissait les voies du théâtre.

La joie de Rose se manifesta visiblement le même soir, quand de l'orchestre Francis lui fit un signe de tête qui, plus direct que la pensée de l'après-midi traversant les murs, disait clairement : *Je suis reçu!*

Jamais la Colombine ne dansa de la sorte. Elle serait tombée des frises sans se blesser, car elle se sentait légère comme une plume.

— Il a une pièce reçue, dit-elle en embrassant madame Lefèvre.

— Tant mieux, fit la fée compatissante... Tu me conteras ça...

— Vous nous accompagnerez ce soir?

— Je craignais de vous gêner, reprit madame Lefèvre qui, depuis quelque temps, avait la délicatesse de laisser les amoureux partir ensemble après la représentation.

— Nous n'avons rien à cacher, dit Rose.

Avec quelles oreilles attentives les deux amies écoutèrent le soir le récit de la conversation entre Francis et le directeur! Ce dernier avait été tout à fait sympathique à l'œuvre, et l'approbation d'un tel intéressé ne présageait-elle pas un grand succès? Francis devenait l'homme de la situation; il devait ramener inévitablement la foule dans le théâtre un peu abandonné.

Déjà madame Lefèvre se réclamait de lui pour obtenir un bon rôle. Elle se faisait forte de rajeunir le classique combat à la hache par une romantique adjonction de quelque engin de guerre formidable. La fée avait là-dessus, disait-elle, des idées qu'elle n'avait jamais soumises au régisseur, cet homme se traînant dans l'ornière dramatique.

Francis accueillit avec reconnaissance ces promesses. Au moment de se quitter :

— Vous pouvez embrasser madame Lefèvre, lui dit Rose.

Comme l'étudiant, un peu étonné, n'avançait pas avec assez de vivacité ses lèvres vers la joue que lui tendait la protectrice de ses amours :

— C'est pour en faire autant, lui souffla Rose en remerciant « son auteur » par un franc baiser.

Francis s'en revint accablé sous le poids de son ivresse. Trop d'émotions l'agitaient. Ses jambes refusaient de le porter. Jamais il n'avait tant rêvé de bonheurs à la fois. L'amour et la gloire venaient au-devant de lui avec des rayonnements et des couronnes.

Sur le pont des Arts, l'étudiant fit une longue station. A cet endroit du fleuve se déroulent des horizons mystérieux, discrètement éclairés par la lune, qui, d'accord avec les nuages, forment un concert de sérénités, d'ombres et de lumières. Touchées par les points lumineux des becs de gaz du quai, les vagues semblaient de petites langues de feu capricieuses, mobiles et gaies.

L'amoureux, appuyé contre la grille du pont, sentait ses pensées se détacher de lui, suivre le cours du fleuve, traverser les ponts, se rendre en Normandie, y porter la nouvelle de ses succès, pendant que lui restait attaché à la rive parisienne comme le gros bateau noir amarré sous ses pieds, et auprès duquel une petite barque qui se balançait rappelait le souvenir de Rose.

Répandant son rayonnement argentin

sur toutes choses, la lune devenait en ce moment la confidente naturelle de Francis. A ce symbole de la discrétion on pouvait tout dire, tout confier. Est-il un cœur qui ne l'ait pas trouvée prête à l'entendre?

La lune, avant le départ de l'étudiant, recueillit sa gerbée de tendresses et de félicités qu'elle emmagasina avec sa tranquillité habituelle. Elle y répondit en glissant dans le cœur de Francis un calme dont il avait besoin jusqu'au lendemain, jour fixé pour la nouvelle entrevue avec le directeur.

— Charles, dit l'administrateur, voici le jeune homme dont je t'ai parlé qui apporte une pièce.

Le régisseur, personnage flegmatique, qui offrait l'attitude d'une soumission complète en face de son directeur, s'inclina à peine devant le jeune homme qui lui était présenté.

— Maintenant, dit le directeur, nous allons lire la pièce posément.

Francis s'assit et ouvrit son manuscrit, mais non plus avec autant d'assurance que la veille. Il avait affaire à deux hommes, deux juges, presque un tribunal. La recommandation de se modérer le gênait. Il lut froidement le premier acte de la féerie, sans oser lever les yeux sur le régisseur dont la réserve le glaçait.

— Eh bien, Charles, demanda le directeur, as-tu quelque observation à faire?

Le régisseur ne répondit pas. Il en fut de même pour le second acte. Un tel mutisme paralysait toutes les facultés de Francis. Il avait la gorge sèche. Cependant il appela le souvenir de Rose à son aide pour la lecture du troisième acte où était intercalé le fameux pas de l'arrosoir

La lèvre du régisseur se resserra. Dans la vie habituelle, la bouche du flegmatique M. Charles semblait une serrure; elle se ferma comme un cadenas à sûreté.

Ce troisième acte parut long à l'auteur lui-même. Il lui semblait qu'il était condamné à remplir une citerne goutte à goutte. Francis atteignit le dénouement sans voix, ayant perdu toute confiance.

Le régisseur regarda son directeur avec un regard de côté qui fit froid à l'étudiant.

— Tu trouves ça long, n'est-ce pas, Charles? demanda le souverain arbitre des destinées dramatiques de Francis.

M. Charles hocha la tête.

— C'est bien, jeune homme, dit le directeur à Francis; nous reparlerons plus tard de votre affaire.

L'entrevue était terminée. L'étudiant se leva, troublé, sans trouver un mot. Il se sentait dépouillé de son arc-en-ciel.

Le personnage muet, admis à l'audience de sa pièce, lui avait paru sinistre, traître, et jaloux. Son silence était une condamnation.

Si le régisseur avait eu quelque parole favorable à faire entendre, il n'y eût pas manqué; mais il avait trop de motifs pour nuire à un rival, car tout homme qui tentait de faire recevoir une pièce nouvelle était un rival.

Francis n'ignorait pas que ce régisseur avait toute sa vie mis les idées de Deburau en scène, qu'il signait seul sur l'affiche, que lui seul touchait des droits d'auteur. Et c'était cet homme qui le jugeait, ce personnage dangereux qui avait sans cesse un pied dans la maison, le même qui y exerçait un commandement et qui remplissait les triples fonctions de régisseur, de metteur en scène, de fournisseur de pantomimes et de mimodrames!

CHAPITRE X

CHAPITRE X

Grâce aux libéralités de Stauernaghel, l'établissement de César était en passe de prendre du développement. Le photographe, désillusionné du théâtre, songeait à l'Église. Après avoir représenté la plupart des comédiens du boulevard du Temple, depuis les sublimes jusqu'aux infimes, César aspirait à de plus hautes destinées et rêvait parfois à s'envelopper d'un rayonnement qui attirerait sur son atelier l'attention et le respect des populations. Le titre de photographe de l'épiscopat français n'était-il pas un nimbe éblouissant qui illuminerait à jamais le siége d'une entreprise commerciale?

Stauernaghel, malheureusement pour sa caisse, approuva l'idée : elle ne lui coûta pas moins de vingt mille francs de publicité. César entendait que tous les murs de la capitale répétassent qu'il devenait le seul et l'unique photographe du haut clergé.

Dès lors les comédiens furent exilés de la montre pour faire place à des personnages recouverts d'habits sacerdotaux. Non pas que les évêques se fussent donné rendez-vous dans l'atelier de César. Le photographe faisait poser des modèles qu'il habillait d'étoles et de surplis, les représentant dans l'exercice de fonctions sacrées comme de bénir les fidèles ou de lever le calice au-dessus de leur tête. Il obtint toutefois du curé de la paroisse voisine de photographier le fretin, c'est-à-dire les enfants de chœur, les suisses, les bedeaux. Ainsi l'ancienne montre fut lavée du caractère profane qui avait été sa spécialité jusqu'alors.

L'appui que prêtait Stauernaghel à ce pieux commerce ne le détournait pas cependant de ses tentatives dramatiques; mais la haute paye attribuée à Pluchonneau donnait un résultat contraire à celui qu'en attendait le tailleur.

Si Pluchonneau touchait régulièrement sa semaine, les produits intellectuels qu'il livrait en échange étaient d'une mince importance. La moindre scène lui demandait des combinaisons profondes qui le rendaient invisible pendan quelques jours.

Son logement était inconnu à tous. Il fallait se mettre à la recherche de Pluchonneau. Il manquait alors aux rendez-vous ou en donnait de fantastiques, à six heures du matin, aux halles ou à Bercy, dans des endroits d'où Stauernaghel ne sortait qu'après avoir soldé des cartes exorbitantes.

Pluchonneau, dans le feu de l'imagination, eût ruiné les MM. de Rothschild, dans le cas improbable où les représentants de cette maison eussent eu la pensée de mordre au gâteau dramatique.

Le collaborateur de Stauernaghel avait pris pour compagnons le petit Faucheux et quelques auteurs en sous-ordre. Il avait besoin, disait-il, de gais compagnons pour activer ses idées, et le tailleur en était réduit à nourrir cette bande de dévorants.

Si Stauernaghel eût entendu les propos

de la bande, il serait rentré dans son magasin de la rue Neuve-des-Petits-Champs pour n'en plus sortir.

— Je ne serai content, avait dit le petit Faucheux, que le jour où Stauernaghel mettra au mont-de-piété son épingle en diamants.

Quand le tailleur, tombant au milieu de ces dévastateurs, regardait son collaborateur avec une expression de physionomie à attendrir un roc, Pluchonneau exposait ses plans de la huitaine, et la bande de familiers applaudissait avec frénésie.

En entendant ces bravos précurseurs de ceux de la première représentation, Stauernaghel s'en attribuait une forte moitié et jouissait des triomphes de l'avenir.

Pour sa défense, Pluchonneau, dans le peu qu'il livrait à son collaborateur, avait imaginé des mises en scène prodigieuses qu'à peine un auteur célèbre eût pu exiger du directeur du théâtre de la Porte-Saint-Martin. C'était une chasse à courre, agrémentée par le passage d'une biche et d'un sanglier qui plaisait considérablement au tailleur, mais qui fit pousser des cris de détresse au propriétaire des Funambules.

— En matière d'animaux, dit-il, nous avons une baleine qui a servi autrefois pour la pantomime de Jonas ; voilà l'unique animal que je m'engage à vous fournir.

Stauernaghel, dérouté, revint vers Pluchonneau avec la proposition de la baleine.

— Vous oubliez, dit celui-ci, que le premier acte se passe dans une forêt... Le fils du roi, qui est à cheval, peut difficilement poursuivre une baleine.

Le tailleur, frappé de ce raisonnement, retournait à la direction.

— Vous êtes jeune au théâtre, monsieur

Stauernaghel, répondait le directeur...
Notre décor de forêt est connu; les auteurs
en abusent, tandis que j'ai une mer qui n'a
que peu servi... Soyez raisonnable, je mets
une barque à votre disposition, des flots
agités au besoin... Pourquoi votre prince ne
se livrerait-il pas au plaisir de la pêche?

— C'est juste, disait le tailleur récon-
forté, grâce à ce nouvel ordre d'idées.

Il se remettait en quête de Pluchonneau et lui exposait les propositions du
théâtre.

— Et vous ne vous êtes pas révolté
contre de pareils bouleversements? s'é-
criait Pluchonneau... Stauernaghel, vous
voulez donc la ruine de votre pièce!

Si Stauernaghel éprouvait de tels tracas
avec son collaborateur, Francis, loin de
s'endormir sur un lit de roses, était étendu
sur le lit de Procuste où la plupart des au-

teurs dramatiques sont condamnés à subir l'écartèlement. Il suivait pourtant les conseils de Rose.

— Qu'on vous voie à l'intérieur du théâtre, lui disait la Colombine. Tâchez d'entrer dans les bonnes grâces du régisseur... Surtout, n'ayons pas l'air de nous connaître.

Au début, Francis ressentit une émotion considérable en posant le pied sur ces planches que foulaient avec assurance tant de gens qui se regardaient comme chez eux.

L'espace réservé à la scène et à ses développements était assez exigu pour n'avoir pas permis d'établir un foyer des comédiens. Tout l'emplacement disponible avait été sacrifié à la profondeur pour le fameux et invariable décor de l'apothéose, peint à fresque sur la façade intérieure du bâtiment. Le service, pendant la représentation, se faisait derrière les décors des premiers tableaux de la pantomime, qui se succédaient comme les verres d'une lanterne magique.

Les coulisses non plus n'étaient pas larges; toutes sortes de portants étaient appliqués les uns contre les autres, qu'il était nécessaire de manœuvrer avec agilité aussitôt la pièce commencée. Les machinistes, fiers de leurs priviléges, se gênaient médiocrement pour heurter les étrangers qui se hasardaient sur la scène pendant l'entr'acte. Là, le bourgeron de toile triomphait de la redingote.

Francis, rejeté d'une coulisse à l'autre, semblait une âme en peine errant dans le purgatoire. La fée eut pitié de lui. Madame Lefèvre alla à l'étudiant et s'entretint avec lui, de façon à faire comprendre qu'elle couvrait de sa protection le nouveau venu.

Confidente des amours de Rose, la fée conservait pour Francis un reflet charmant, empreint de parfum. Ce début dans les coulisses rendit encore sa protectrice plus sympathique.

— L'aimable personne! répétait souvent l'étudiant à son ami Baudry.

Il est certain que madame Lefèvre, par son attitude sympathique, aplanissait déjà bien des difficultés d'intérieur. Le régisseur n'avait pas été sans remarquer que le jeune homme qui avait lu un manuscrit en sa présence était le même que celui qui s'entretenait familièrement avec la fée.

Sans faire recette, madame Lefèvre était tête de troupe. Actrice possédant la tradition, attachée depuis vingt ans au théâtre, c'était une personne à ménager. Ses longues années de service ne lui avaient pas enlevé la croyance à l'art; son jeu était toujours consciencieux, et madame Lefèvre, qui ne se faisait pas attendre une seconde aux répétitions, appartenait à la race des véritables comédiens qui meurent sur les planches.

Le lendemain du jour où la fée couvrit l'étudiant de sa protection, elle fut appelée par le concierge du théâtre.

— Une lettre pour vous, madame Lefèvre.

— Pour moi? s'écria l'actrice étonnée.

L'enveloppe portait, en effet, pour suscription : *A madame Lefèvre, artiste dramatique du théâtre des Funambules.*

En s'habillant, la fée décacheta la lettre et vit un certain nombre de lignes inégales, semées de majuscules dont l'échelonnement lu de bas en haut, formait son nom. C'était un morceau de poésie en l'honneur de ses talents. Madame Lefèvre y était traitée de cœur vaillant, de caractère magnanime, de grande artiste, et des rimes d'une extrême richesse faisaient écho à ces qualifications, qui eussent déterminé l'éclosion d'épaisses bouffées d'amour-propre dans l'esprit de toute autre femme.

Pour la première fois, madame Lefèvre descendit de sa loge sans ses atours complets. Elle étonna profondément le perruquier qui ne l'avait jamais vue si nerveuse; il l'avertit toutefois que sa coiffure ne lui ferait pas honneur.

— Et votre diadème, madame Lefèvre! lui cria le perruquier.

— Tout à l'heure, dit-elle en descendant l'escalier de la loge.

Francis rôdait dans les coulisses, lisant par passe-temps d'anciennes affiches de théâtre qui forment l'envers des portants.

— Tenez, lui dit la fée, voilà ce que je

reçois... Prenez garde qu'on ne vous voie lire.

— C'est l'écriture de Baudry, dit Francis.

— Je ne connais pas Baudry. Qu'est-ce que Baudry? demanda la fée.

— Un ami à moi, que j'ai amené hier à la représentation.

— Ce n'est pas une raison pour m'envoyer une pareille lettre.

— Votre talent a plu à Baudry... Il vous place au-dessus de toutes les actrices.

— Qu'est-ce que penserait de ceci Lefevre? s'écria la fée... Puis-je lui montrer ce papier?

— Certainement, dit Francis. Il sera fier de voir apprécier votre mérite.

— Ce sont des vers, si je ne me trompe, reprit madame Lefèvre... Eh bien! une actrice ne montre pas à son mari les poésies qu'un inconnu lui adresse. Puisque vous connaissez ce M. Baudry, je vous serai obligée de lui rendre sa lettre.

— Le pauvre garçon ne sera pas content. Il n'y a pas matière à vous formaliser... Baudry ne s'occupe que de l'actrice...

— Je garderai les vers pour ne pas désobliger votre ami; mais je crois inutile de les montrer à mon mari.

Ce morceau lyrique troublait madame Lefèvre, quoiqu'elle fût une personne sans prétentions.

— Je ne comprends pas bien cette poésie, dit-elle à Francis, après l'avoir relue; cependant j'y trouve un certain plaisir... Je ne suis pas gâtée par les compliments; personne ne m'en fait ici... En recevoir à quarante ans, c'est drôle, et j'avoue que cette lettre me chatouille le cœur.

La bonne fée puisa dans cet incident un

motif de plus pour venir en aide à Francis.

— Mon petit Charles, dit-elle au régisseur, le directeur ne t'a-t-il pas chargé de reviser la pièce de mon cousin?

— Ce jeune homme, à qui je te vois parler dans les coulisses, est ton cousin? demanda le régisseur.

— Oui, il est gentil, n'est-ce pas? Tu serais bien aimable de lui donner un coup d'épaule. Il est orphelin, ajouta madame Lefèvre qui joua de la corde sensible, je m'intéresse beaucoup à lui.

— Il ne sait pas le premier mot du théâtre.

— Qu'importe! Avec ton habileté, ta science des planches, vous feriez un ménage parfait... Mon petit Francis a des idées; il ne demande qu'à les communiquer à un homme compétent... Étant deux, vous composeriez des féeries admirables... Un homme de ta valeur devrait-il se contenter de régler des pantomimes pour les Funambules?... Vous pourriez viser plus haut... Mon cousin ne manque pas de protections; son tuteur est machiniste à l'Opéra.

— Bah! s'écria le régisseur qui mordit à l'hameçon.

— Et puis Francis est jeune, il ne demande qu'à travailler pour la gloire. Il n'entend rogner tes droits en quoi que ce soit.

— Dis à ton cousin, fit le régisseur, que je m'occuperai de son affaire.

Cette nouvelle eût jadis comblé de joie Francis; mais la vue de Stauernaghel dans les coulisses lui était pénible. Du premier coup d'œil, Francis devina le rival dont il n'avait vu que les jambes jusque-là

Le tailleur entamait avec Rose des conversations non point brillantes et galantes; mais son attitude de personnage riche faisait saigner le cœur de l'étudiant pauvre. Il en voulait aux vêtements triomphants, qui avaient trop d'avantages sur ses habits râpés. Dans l'esprit de Francis se formaient des tempêtes sourdes, sans éclats, par là d'autant plus pénibles.

Francis se sentait devenir jaloux et sa jalousie fut bientôt motivée.

Grâce à madame Lefèvre, l'étudiant était entré en relation avec le régisseur. Déjà il souffrait des coupes sombres que celui-ci faisait dans la féerie; mais il reçut un coup terrible le jour où M. Charles l'avertit que toute la pièce était à refondre.

Le directeur avait demandé de ne faire qu'une seule et même pièce du mimodrame de Stauernaghel et de la féerie de Francis! .

Pâle d'indignation et de colère :

— Voilà, dit l'étudiant à Rose, à quoi

mène l'accueil que vous faites à cet homme. Je l'exècre et je suis forcé de m'entendre avec lui, par votre faute... Mais je ne remettrai plus les pieds au théâtre. Qu'on me rende ma féerie !

— Que vous êtes injuste, mon ami! dit Rose. Ne suis-je pas déjà assez malheureuse d'être obligée de subir les politesses de cet homme?

Le soir, à la sortie, il se tint un grand conseil auquel présidait madame Lefèvre.

— Il ne faut pas se désespérer pour un premier échec, dit-elle à Francis. Vous avez un pied au théâtre, ne le quittez point... J'ai répété bien des pièces dans ma vie; plus d'un acteur a défilé devant moi... Tous étaient obligés de faire des concessions... De la patience, mon cousin, ajouta-t-elle.

Car elle avait pris sa parenté au sérieux.

La vérité était que le directeur, fatigué des obsessions de Stauernaghel, n'avait trouvé moyen de s'en débarrasser qu'en le lançant à la tête de Francis. Pour en finir tout à la fois avec les fragments de scénarios du tailleur et la féerie de l'étudiant, à laquelle il n'attachait qu'une médiocre importance, il les jetait dans une même chaudière.

Une autre pensée guidait le directeur. Son théâtre se relevait difficilement. Si Stauernaghel, mettant des fonds dans l'entreprise, devenait un actionnaire sérieux! Poussé par cet ordre d'idées, le directeur avait recommandé au régisseur de presser Pluchonneau, s'étant aperçu que cet auteur infertile ne livrait pas une plume de son aile.

— Nous avons sous la main, dit le régisseur, un jeune homme plein de bonne volonté, le cousin de madame Lefèvre.

— Eh bien, emploie-le, répondit le directeur. Mais que je n'entende plus parler de la pièce avant la répétition générale.

Francis ne prenait pas l'incident avec autant de philosophie, et épanchait ses amertumes dans le cœur de Baudry.

— Ne t'inquiète pas, dit le poëte, je remettrai la pièce sur ses pieds... Quand la situation sera tendue, on parlera en vers.

A la faveur de ce tourbillon dramatique fécond en remaniements, Baudry fut officiellement présenté par Francis à madame Lefèvre.

— Monsieur, lui dit-elle, je ne mérite vraiment pas les compliments exagérés que vous m'avez adressés. Ils m'ont troublée sur l'instant; mais je suis bonne femme et je vous pardonne!... Nous avons à défendre Francis.

Tous les soirs, dès lors, les deux amis reconduisirent Rose avant d'accompagner la fée qui demeurait dans le haut de Belleville.

— Heureusement nous sommes trois, disait-elle, car si Lefèvre nous rencontrait!

La fée, quoiqu'elle frisât la quarantaine, était une personne encore agréable. Si elle offrait au théâtre la majesté voulue par son emploi, si son rôle commandait au regard la puissance nécessaire pour pénétrer dans l'âme des méchants, à la ville, physionomie et regards se détendaient et laissaient voir la bonté que la nature lui avait donnée en partage.

Madame Lefèvre avait l'œil vif, la peau

brune, les bras robustes, et des sourcils prononcés formaient un accent circonflexe fourni qui s'harmonisait avec deux mèches de cheveux rebelles descendant à moitié de l'oreille. Les combats à la hache de chaque soir avaient communiqué aux muscles de l'actrice une vigueur particulière. Sa poitrine était peu fournie, mais solide, et à l'apothéose une robe de gaze trahissait le galbe irréprochable de jambes qui, jadis, avaient été dressées au travail.

A vingt ans de là, madame Lefèvre, plus connue sous le nom de « la belle Augustine », dansait sur la corde, alors que des exercices acrobatiques servaient de lever de rideau aux Funambules

Lefèvre, maître bottier dans un régiment, admira la belle Augustine qui était à cette époque fortement courtisée, et obtint sa main.

Mariée, l'actrice devint le modèle des épouses; son attitude commanda le respect et lui enleva le nom trop affichant de « la belle Augustine ». Madame Lefèvre avait un mari sérieux, un bon commerce; elle fut citée dans son quartier comme une femme de mœurs irréprochables.

C'est pourquoi elle avait prié Francis et Baudry de ne pas franchir la passerelle qui sépare Belleville de Paris.

De taille à se défendre, la fée rentrait habituellement seule après le spectacle, n'ayant pour défenseur que son courage.

— Mon petit Francis, dit madame Lefèvre à l'étudiant, vous êtes fatigué par le travail; laissez le soin de revoir la pièce à votre ami. Hâtez-vous cependant, et quand vous serez prêt, nous en reparlerons avec Charles, le régisseur.

La même nuit, Baudry se mit résolûment

à la besogne. Elle n'était pas facile. Fondre le mimodrame de Pluchonneau avec la féerie de Francis semblait à ce dernier une entreprise sans avenir. Mais Baudry ne doutait de rien ; il était doué de certaines qualités superficielles qui permettent de jongler avec l'art, de tailler, de modifier sur commande, sans s'inquiéter des mutilations d'une pensée mère.

Médiocrement préoccupé de suivre la route droite tracée par Francis, Baudry entreprit de coudre les unes aux autres les scènes à effet : il intercala dans l'ouvrage force morceaux de poésie dont ses tiroirs étaient pleins, et, à la pointe du jour, il réveillait son ami pour lui lire le chef-d'œuvre.

Une singulière pièce ! Tantôt l'influence de Francis y apparaissait, tantôt celle de Stauernaghel-Pluchonneau. Le régisseur avait apposé de nombreuses croix sur les

marges du manuscrit, ne sachant pas
écrire. Baudry prit garde aux indications de
l'homme versé dans les choses de théâtre.
Avec les adjonctions poétiques du nouveau
collaborateur, le tout formait une de ces
salades dramatiques telles que le public en
avale fréquemment.

Francis écouta la lecture avec stupéfaction. Son enfant avait été changé en nourrice.

— Il me semble, dit-il, que le rôle de
Rose est bien diminué.

Sans s'en rendre compte, Baudry avait,
en effet, développé le rôle de la fée ; il la
faisait intervenir presque à chaque scène et
la dotait d'une puissance qui dépassait les
bornes.

Sur ce point, les deux amis s'entendirent
facilement. Francis ne s'opposait pas aux
effets de madame Lefèvre, à condition que

Rose jouît de tous les siens. Le rôle de la Colombine fut donc « corsé » et augmenté des nombreuses trouvailles que les situations faisaient naître.

Après une dernière entente avec les deux actrices, le manuscrit fut livré au régisseur, qui annonça dans un délai rapproché une lecture solennelle aux comédiens, en présence des auteurs.

CHAPITRE XI

CHAPITRE XI

César, qui faisait chaque soir acte d'apparition dans l'intérieur du théâtre, n'avait pas été sans s'apercevoir de la protection dont madame Lefèvre couvrait Francis et Baudry. Le bruit s'était répandu de la parenté de Francis et de la fée; mais le photographe y croyait médiocrement. L'étudiant n'avait pas la mine d'un enfant de la balle : ce prétendu orphelin, neveu d'un machiniste de l'Opéra, n'avait aucun des caractères extérieurs des comédiens qui offrent, dans la vie, en dehors des planches, des allures aussi accusées que celles d'un matelot sur la terre ferme. Dans l'argot dramatique, Francis « n'était pas du bâtiment ».

César flaira quelque supercherie et regarda. Il vit dans les coulisses l'amoureux compromettant autant Rose par ses timidités que par sa hardiesse. Son émotion quand l'actrice descendait de sa loge, les regards dont il l'enveloppait pendant qu'elle dansait, sa physionomie assombrie à l'arrivée de Stauernaghel en apprirent plus au photographe que les galanteries et le sans gêne autorisés par la camaraderie de théâtre.

Pour Baudry, c'était un autre jeu. Aussi en dehors que son ami était en dedans, il avait pris possession des planches comme s'il y était né. Il manifestait toutefois quelque réserve en face de madame Lefèvre qui l'en avait prié : aussi se reportait-il ouvertement du côté de Rose, pour lui parler en toute liberté de l'affection qu'il portait à son amie la fée.

Ce double jeu trompa César; voyant Francis au mieux avec madame Lefèvre et Rose répondant volontiers à Baudry, il se perdit momentanément dans ce chassé croisé, mais il n'en augura pas mieux de l'avenir réservé au tailleur.

— Stauernaghel, lui disait-il, rappelez-vous mes instructions. Tout auteur dramatique qui se respecte doit avoir une liaison au théâtre... La petite Rose était libre quand je vous ai introduit dans les coulisses; elle l'est sans doute encore; mais un certain Baudry lui livre chaque soir des assauts auxquels il faut prendre garde.

Le tailleur regarda César avec l'œil d'un

bœuf qui demanderait grâce, à l'abattoir.

— Stauernaghel, vous manquez de flamme, ajouta le photographe.

On vit alors se jouer dans les coulisses une pièce qui n'était pas sans analogie avec *les Folies amoureuses*. César s'ingéniait à troubler la félicité de Rose qu'il croyait éprise de Baudry, et il tenait pour non moins dangereux madame Lefèvre et Francis, leurs complices naturels. Ne pouvant lutter contre les deux groupes à la fois, le photographe envoyait Stauernaghel à la rescousse ou le posait en sentinelle d'observation, car le tailleur était d'un médiocre secours en cette circonstance.

Madame Lefèvre recueillit le bénéfice de ces complications. Pour venir plus directement en aide à Stauernaghel, César fit une cour assidue à la fée, et le jeu offrit un certain intérêt à la raisonnable personne qui, depuis dix ans, avait oublié ces galantes poursuites.

Quoiqu'elle eût rompu avec la bagatelle, la fée éprouvait cependant un certain plaisir à ce regain de l'été de la Saint-Martin, qui préoccupe plus d'une femme, et son amitié redoublait d'autant pour Francis et Rose, qui lui procuraient des prévenances inattendues.

Les poursuites de César et de Stauernaghel, qui maintenant attendaient les deux actrices à la sortie du théâtre, les airs de pruderie qu'il fallait prendre pour les renvoyer afin de retrouver quelques rues plus loin Francis et Baudry, les cachettes derrière la toile de fond, les coins obscurs où les quatre amis complotaient, tout cela était bien tendre, bien galant.

Cependant, le jour de la lecture approchait. Francis demanda communication de son manuscrit au régisseur.

— J'ai vu quelques trous, dit-il; maintenant que j'ai pu étudier le théâtre de près, je crois pouvoir les boucher.

Ces *trous* qui sont des manques d'enchaînement dans les scènes, des endroits où l'intérêt décline, des vides qui indisposent le spectateur, furent en effet comblés par Francis, mais d'une façon bizarre.

Il ne se passa pas un tableau pendant lequel, tour à tour, Colombine et la fée ne disparussent dans les entrailles de la terre.

La fée entrait en scène, disait quelques mots et s'évanouissait par une trappe. Colombine était-elle serrée de près par Polichinelle ou Léandre, une ouverture complaisante dans le parquet la dérobait immédiatement à ces fâcheux.

Le machiniste en chef, qui assistait à la

lecture officielle de la nouvelle pièce, fut ébahi de voir tant de trappes s'ouvrir dans son plancher, et il eût poussé des cris de révolte si madame Lefèvre n'avait paré l'attaque.

— Mon cousin Francis, dit-elle au machiniste, a demandé conseil à son tuteur de l'Opéra qui n'a pas désapprouvé le jeu de ces trappes.

L'opinion d'un personnage d'une telle compétence, sans convaincre absolument le machiniste des Funambules, arrêta ses protestations.

— Je dis seulement, répondit-il, qu'il faudra beaucoup d'hommes d'équipe.

— Mon cousin, reprit madame Lefèvre, entend que votre nom soit sur l'affiche. Tout le monde est d'accord que le théâtre des Funambules est encore le mieux machiné du boulevard.

Stauernaghel, qui assistait à la répétition, ne comprit rien à ces trappes. Sans sourciller il écouta la lecture, de sa pièce, dont il ne restait pas un mot. Avec une foi robuste, il s'imaginait qu'il avait une part importante dans la confection de la féerie, et admettait tout au plus quelques broderies ajoutées au canevas primitif.

Il n'en était pas de même de Pluchonneau. Sa nature d'auteur dramatique se révoltait contre la transformation d'un mimodrame en féerie.

— Ces petits jeunes gens, dit-il au tailleur, se moquent de nous. Ils n'ont pas laissé une ligne de notre idée... D'abord, je n'ai pas livré le dernier acte, et je ne permets à personne de mutiler notre pensée.

Qu'importait à Stauernaghel! Il était fatigué des exigences et de la paresse de son collaborateur. D'ailleurs César, qui assistait à la lecture et qui constata dans quelle extase elle plongeait le tailleur, prenait parti contre Pluchonneau. En même temps le régisseur annonçait que le directeur lui avait donné ordre de monter la pièce avec rapidité.

Ce fut une grande allégresse dans ce petit monde. Francis, après tant de perplexités, entrevoyait le port où entrerait triomphant son vaisseau exposé à tant de vents contraires. Baudry lui avait communiqué quelque assurance; l'étudiant n'était plus seul à lutter contre le parti Stauernaghel, qui avait trop d'avantages sous la conduite d'un homme aussi délié en matière de coulisses que César.

Si les innombrables détails d'un ouvrage en répétition peuvent sembler fastidieux aux gens initiés à ces études, il n'en est pas de même pour un auteur qui voit son œuvre, larve et embryon, se traîner d'abord péniblement, puis s'envoler à tire-d'aile au son de la musique; mais combien plus vive encore est la jouissance de l'homme qui associe une actrice à ses aspirations!

Francis aimait Rose plus encore que son œuvre. L'actrice lui apparaissait sous ce jour particulier où le réel et la fantaisie se combinent.

Habillée d'une façon particulière pour les répétitions, la moitié de la personne de Rose appartenait au monde habituel, l'autre au surnaturel. La poitrine protégée par une petite veste dont les revers formaient plastron, la danseuse se montrait avec une jupe de gaze, de telle sorte qu'elle pût se livrer à ses mouvements sans être gênée par ses habits de ville.

Elle commandait ainsi à tout son entourage de figurantes, également habillées pour le travail des planches. C'étaient des manœuvres pour bien reconnaître le terrain, fixer les endroits où chacune poserait le pied.

Devant une petite table, près de la niche du souffleur, le chef d'orchestre égratignait sur son violon les motifs du ballet et, un crayon à la main, s'arrêtait pour biffer ou rallonger certains détails de la partition. Les acteurs portaient chacun un insigne indiquant qu'ils étaient Pierrot ou Cassandre, Arlequin ou Léandre, et un mauvais quinquet éclairant la scène, engendrait de grandes ombres qui s'allongeaient dans la salle.

C'était une sorte de cérémonie mystique, de complot où chaque conjuré s'entendait mystérieusement avant que la tempête de l'action éclatât. Les hommes se touchaient la main, symbole d'une avalanche de soufflets; ils baissaient doucement la tête que les exigences du drame devaient faire courber avec des cris énormes alors qu'un adversaire devait la franchir. Tous les gestes étaient esquissés au premier crayon, avec des nuances imperceptibles pour ne pas gêner l'étude du développement de l'action.

De la pantomime on ne voyait que le squelette, ce qui troublait Stauernaghel. La pièce reçue, il eût voulu assister à la représentation immédiate.

Peu à peu le drame, débarrassé de ses langes, offrit le même intérêt qu'éprouve une mère qui enlève les premières lisières à son enfant. Ce n'est pas qu'une pensée fondamentale et précise se dégageât absolument du scénario. La fonte des idées de tant de collaborateurs dans un même creuset avait produit un alliage bizarre; mais la pantomime avait du mouvement, la première des qualités dramatiques.

Quand le jeu des machines fut appliqué à ce débrouillement, le remuement constant des acteurs fut même trouvé excessif. Les trappes s'ouvraient avec autant de facilité que la tabatière d'un priseur enragé; mais ce détail amusa les acteurs eux-mêmes qui voyaient Colombine et la fée disparaître à tout instant.

On ne remarqua pas qu'à partir du moment où les répétitions entrèrent dans la phase de la machination, les deux collaborateurs, si exacts d'habitude, se dédoublaient. Un jour Francis surveillait l'interprétation de la pièce, le lendemain Baudry.

La combinaison de l'ouverture des trappes faisait que chacun des deux amis profitait du dessous du théâtre pour se rencontrer avec Rose ou madame Lefèvre.

L'amour, qui se plaît dans la solitude, bénéficiait des ombres produites par les étais de la scène.

Quoique les machinistes fussent occupés sous le théâtre à recevoir les actrices, à déboulonner et reboulonner les trappes pour qu'aucun accident ne se produisît en scène, ce dédale de charpentes était assez fourni de coins pour offrir aux amoureux une retraite où nul ne pouvait s'apercevoir d'un innocent baiser, d'une douce pression de mains.

La première fois madame Lefèvre tenta de se révolter contre ces surprises; mais c'eût été donner l'éveil aux machinistes, bouleverser cet amusant complot, troubler les répétitions.

La pièce était réglée; demander la fermeture des trappes eût changé les conditions de la féerie. Madame Lefèvre, résignée à subir quelques larcins, se défendait de son mieux contre les audacieuses entreprises du traître Baudry, aussi prodigue de baisers qu'il l'avait été d'ouvertures dans le plancher.

Rien que ce mystère plaisait à la fée qui trouvait amusant de tromper le naïf Stauernaghel. Les trappes, devenant une attrape pour tous, s'ouvraient gaiement dans l'esprit de madame Lefèvre, qui, aux rares moments de repos, les yeux tournés vers son tricot, conservait sa tranquillité habituelle. Chacun dans les coulisses était dupé. Si les joues de Rose prenaient quelque animation, on ne pouvait l'attribuer qu'aux descentes fréquentes au fond des enfers d'où la Colombine s'échappait et revenait souriante, défiant le pouvoir des divinités malfaisantes.

La pièce étant définitivement sur ses

pieds, le régisseur annonça que le directeur assisterait à une des dernières répétitions. Ce jour-là, Francis et Baudry se tinrent sur le théâtre et n'osèrent profiter du bénéfice de leur ténébreuse machination.

A diverses reprises le directeur demanda des explications sur les actes auxquels se livraient les acteurs. L'enchaînement des choses qui les conduisaient là et non ailleurs, en dessous plus souvent qu'en dessus, ne lui semblait pas d'une logique rigoureuse; mais n'est-ce pas le propre d'une bonne pantomime de laisser dans l'esprit du spectateur des parties inéclaircies qui ne doivent pas être expliquées plus que les miracles? D'ailleurs, la pièce de Francis contenait une richesse de détails qui faisait oublier le décousu de la composition.

Sur la figure d'homme d'affaire du directeur pointa une ombre de satisfaction.

Cependant le machiniste en chef s'était avancé vers lui et, roulant sa casquette entre ses doigts, lui exposait une requête grave. Il s'agissait d'obtenir un jour de relâche pour mettre le plancher du théâtre en parfait état, par suite du jeu des trappes.

— Je n'entends pas de cette oreille-là, dit le directeur. C'est un billet de mille francs que vous me demandez.

Le charpentier protestait de l'urgence.

— J'ai déjà dépensé trop d'argent pour une telle pièce, reprit le directeur... En voilà assez... J'aime mieux ne pas la jouer.

César, qui assistait à cette discussion, poussa du coude Stauernaghel.

— Un nouveau sacrifice est indispensable, dit-il... Offrez donc galamment mille francs au directeur.

Le tailleur montrait quelque hésitation.

— Vous les rattraperez sur vos droits d'auteur, dit César.

Le photographe entraîna Stauernaghel dans un coin.

— Voilà la meilleure occasion, reprit-il, pour entrer tout à fait dans les bonnes grâces de Rose. Profitez du relâche pour inviter la troupe à dîner. Rose ne peut faire autrement que d'accepter... Je connais un charmant endroit à Joinville-le-Pont... Vous organisez une partie de canot sur la Marne, et le soir vous devenez irrésistible...

Quoique la manie de se poser en auteur dramatique coûtât déjà d'assez fortes sommes à Stauernaghel, il se rendit aux conseils du photographe.

Le directeur étant indemnisé d'un jour de fermeture, la troupe fut universellement conviée à une partie de campagne pour le lendemain.

Il faut voir les comédiens en plein air. Ces grands enfants s'étonnent d'un papillon, d'un brin d'herbe, d'une coquille de noix qui va à la dérive sur un cours d'eau; les crocodiles ne paraîtraient pas plus surprenants à leurs yeux qu'un lézard se glissant dans les fentes d'un vieux mur. Toute chose naturelle frappe ces êtres habitués à un monde factice, et la lumière de la lune, qu'ils entrevoient si rarement, leur est douce après les fatigantes réverbérations du gaz de la rampe.

Le seul soucieux de la bande était Francis. Les comédiens goûtaient un plaisir fourni par un autre que par lui. Stauernaghel offrait un divertissement évidemment en l'honneur de Rose, et le pauvre étudiant était forcé d'assister à une fête donnée par son rival. Promenades en bateau, pêche, balançoires, jeux de tonneaux, chevaux de bois, rien ne manquait.

Une jalousie sombre s'emparait de Francis, qui eût voulu s'entretenir avec Rose et qui trouvait toujours à ses côtés César ou le tailleur, tenant l'actrice en charte privée et l'empêchant de répondre aux sentiments de son ami. Sans doute l'amour de l'étudiant en redoublait d'autant, mais un amour épineux, coupé par des barrières, des embûches, des piéges.

A la table de l'auberge de la Tête noire, où eut lieu le festin, Francis était placé à côté de Rose; mais de l'autre se tenait Stauernaghel, et en face, César exerçait sa surveillance, prenant à tâche de troubler les entretiens de l'étudiant et de la fleuriste.

On trinqua, on chanta. Pluchonneau improvisa en l'honneur de Stauernaghel des couplets que le petit Faucheux accompagna avec tous les *relintintin* que lui fournissait le choc des vers et des couteaux. On but au succès des débuts dramatiques du tailleur. Francis, en ce moment, ne pensait qu'à Rose et se souciait médiocrement de sa féerie.

— Eh bien, Stauernaghel, vous n'embrassez pas la principale interprète de votre œuvre? dit César.

Qui eût regardé Francis eût frémi du châtiment suspendu sur la tête du tailleur. L'étudiant avait saisi une bouteille en face de lui et se préparait à la briser sur le crâne de son rival. Heureusement pour Stauernaghel, il déposa un baiser respectueux sur le front de Rose, et Francis fut désarmé.

Baudry était loin d'apporter la même réserve, et le bottier Lefèvre n'eût pas laissé passer avec la même tranquillité l'accolade donnée à sa femme par l'étudiant.

C'était une fête printanière complète. Les actrices avaient tressé des couronnes de bluets et de coquelicots, et les posaient sur la tête de leurs voisins de table. Francis se fût volontiers couronné de cyprès; il lui semblait que des feuilles de houx égratignaient son cœur. Rose était fêtée, adulée, et quelle est la jolie fille qui, en pareille circonstance, n'oublie les tristesses d'un amoureux !

— Le directeur est de bonne humeur, pit Rose à Francis. Profitez-en pour lui demander qu'il me change mon maillot de coton; il y a si longtemps que j'en désire un de soie !

Francis, enhardi par l'attitude du directeur, lui présenta la requête de la Colombine.

— Vous n'y pensez pas, jeune homme, dit celui-ci. Un maillot de soie dans mon théâtre! Où irais-je avec de telles dépenses? Vous ignorez donc ce que coûte un maillot de soie?

Comme il élevait la voix en plaisantant sur la naïveté de Francis :

— Mon enfant, dit Stauernaghel à Rose, vous aurez votre maillot de soie.

Francis n'entendit pas ce mot qui fut le premier en situation que plaçait le tailleur. L'étudiant en eût souffert mille morts, car la détresse des amoureux pauvres s'accroît de la générosité de leurs rivaux riches.

On parlait de la pièce au milieu des cinquante propos qui se croisaient. Un grand événement pour la bande. Chaque comédien ne voyait que son rôle et entretenait son voisin de son costume, de la tête qu'il se préparait.

De nouveau on trinqua au succès de la pièce, au directeur.

— Moi, dit César, je vous propose un toast en l'honneur du char triomphal dont mon ami Stauernaghel fait l'offre généreuse à la direction.

C'était la surprise de la soirée. Jusque-là il n'avait pas été question de ce char.

Francis avait bien indiqué qu'à l'apothéose un char emportait Arlequin et Colombine vers les régions célestes, précédés par la fée qui guidait la marche, environnée de nuages ; mais son imagination n'avait pas été jusqu'à rêver d'autre char que celui qui, de temps immémorial, servait aux Funambules.

— Au char de notre ami Stauernaghel ! s'écria de nouveau César, qui apportait l'entêtement des gens qui ont bien dîné.

— Au char de l'ami Stauernaghel! répéta la bande en chœur.

— Qu'est-ce que ce char? demanda le directeur à son régisseur, qui n'en savait rien.

Stauernaghel devenait visiblement le triomphateur de la soirée.

Seuls, Francis et Baudry ne s'associaient pas à cette ovation, non plus que le petit Faucheux qui, ayant abusé des vins capiteux de la Tête noire, interpellait Stauernaghel, l'inventeur du char, qu'il qualifiait tour à tour de chardonneret, de charançon et de charlatan. Il n'est pas d'enthousiasme sans note discordante.

Le directeur crut devoir répondre à cette ivresse générale par quelques paroles pathétiques.

— Mes enfants, dit-il, demain sera un glorieux jour pour tous... Mon théâtre, grâce au concours d'un esprit distingué, d'un personnage considérable, de l'inventeur du char, va prendre un éclatant reflet... Le public qui nous a suivis dans nos travaux, redoublera pour les Funambules de preuves de sympathie dont seront jaloux les établissements voisins... Je ne peux dissimuler à M. Stauernaghel qu'il nous aide considérablement dans cette nouvelle phase, et c'est à vous tous, mes enfants, que je donne l'accolade dans sa personne.

— Vive Stauernaghel! crièrent les comédiens.

A ce moment, un garçon ayant annoncé que le café était servi dans la salle du billard, toute la bande dégringola dans les escaliers.

Le directeur n'avait pas suivi ses pensionnaires. Couvant Stauernaghel des yeux, il tenait sa main dans la sienne.

— Mon cher ami, dit-il, je ne crois pouvoir mieux terminer cette fête qu'en vous ouvrant un horizon nouveau... A partir de demain, vous êtes libre de faire jouer sur mon théâtre toutes les pièces qu'il vous conviendra d'apporter... Votre riche imagination vous y pousse... Les comédiens vous sont acquis; d'un signe, vous leur ferez réaliser des merveilles... Voici un traité par lequel je m'engage à recevoir d'avance toute œuvre signée de votre nom.

— Merci! s'écria le tailleur, dont les yeux étaient humides de reconnaissance.

— Gardez ce traité; c'est un titre que vous invoquerez si j'étais capable de manquer à ma promesse.

— Comment reconnaîtrai-je cette faveur? s'écria Stauernaghel.

Le directeur reprit la main du tailleur.

— Il y a vingt ans, dit-il, que je dirige

cet établissement pour le plaisir du public...
Je me suis aperçu toutefois qu'en moi l'imagination commençait à faiblir... Un directeur de théâtre doit avoir été auteur. Voulez-vous, Stauernaghel, devenir mon second? A moi la partie matérielle, à vous la partie intellectuelle... Ce n'est pas un associé que je demande, mais un autre moi-même, apportant de certaines facultés qui me font défaut...

Le tailleur crut voir s'entr'ouvrir le paradis.

— Je vous ai donné une grande marque de confiance, Stauernaghel, en vous signant ce traité...

Le directeur tira un papier de son portefeuille.

— Votre signature vous permettra de vous immiscer dans les moindres détails! Que je vous présente immédiatement à mes acteurs comme leur chef suprême, le voulez-vous, Stauernaghel?

— Je signe des deux mains, dit le tailleur.

— Permettez que je vous lise notre acte de société...

— C'est inutile! s'écria Stauernaghel ivre d'enthousiasme.

— Cependant... en affaires!

— Vous êtes mon ami, disait le tailleur.

Alors le directeur tira de sa poche une petite fiole d'encre et une plume, et Stauernaghel signa l'acte qui le rendait copropriétaire du théâtre.

Ayant signé, le tailleur enleva de sa cravate sa fameuse épingle de diamants et l'accrocha au papier timbré.

— Voilà, dit-il, mon meilleur paraphe... Cette épingle ne m'a jamais quitté; je vous l'offre, mon ami. Qu'elle soit le gage qui relie notre association.

Ils descendirent alors à la salle de billard où les comédiens se livraient à une folle partie de quilles.

— Mes enfants, dit le directeur, je vous présentais un ami tout à l'heure; c'est un frère actuellement... M. Stauernaghel devient mon associé avec le titre de directeur d'art... Vous le reconnaîtrez pour tel et lui obéirez en cette qualité... Charles, vous vous entendrez désormais avec M. Stauernaghel. Pour tout ce qui touche à la mise en scène des pantomimes, des vaudevilles et des mimodrames, au choix des costumes et des décors, l'autorité de M. Stauernaghel fera loi... Mes enfants, retiré dans mon cabinet et chargé du soin de la machine purement administrative, je n'entretiendrai plus avec vous, à mon regret, de relations aussi fréquentes que par le passé... M. Stauernaghel, de l'amitié duquel je m'honore, me suppléera, et, au moment de lui abandonner la majeure part de la direction, c'était un devoir sacré pour moi que d'en prévenir mes collaborateurs dévoués.

— Le gogo n'a plus son épingle en diamants, dit le petit Faucheux à Pluchonneau... Si Stauernaghel n'a pas donné sa montre, je l'attendrais volontiers au coin d'un bois.

L'astre nouveau fut regardé généralement comme volé étant dépouillé de son plus précieux royonnement; cependant déjà la bande lui faisait la cour.

Francis et Baudry profitèrent de ces incidents pour s'échapper en compagnie de Rose et madame Lefèvre.

Un bois sépare Joinville de Vincennes, bois touffu et silencieux que les embellissements de Paris, seulement projetés alors, avaient laissé dans toute sa floraison. Une grande route qui le traverse met les deux communes en communication. Dans cette éclaircie la lune se jouait en toute liberté ; mais elle s'arrêtait à la lisière du bois et renonçait à pénétrer dans les petits sentiers longeant la route.

Baudry avait pris le bras de madame Lefèvre, Francis celui de Rose. Tout d'abord les deux couples marchèrent de concert. Ils s'étaient séparés ensuite sans s'en rendre compte. D'où le malheur de M. Lefèvre.

Baudry était entreprenant ; la fée regretta ce soir-là de ne pas s'être munie de sa hache de théâtre.

Francis se montrait plus discret. Le silence du grand bois répondait à son esprit. Sous le coup des préoccupations de la soirée, et sans connaître le traité qui venait de faire de son rival un autocrate ayant tout droit sur les planches, il avait un vague pressentiment que les événements ultérieurs pouvaient détruire son bonheur.

Pour Rose, elle avait peur. Les grandes ombres des arbres s'allongeant sur la route lui semblaient des géants menaçants.

— Je n'entends plus madame Lefèvre, dit-elle en serrant le bras de l'étudiant.

— Elle est à quelques pas en arrière..

— Si nous l'attendions?

Rose, sans quitter le bras de Francis s'appuya contre un arbre.

— Vous êtes fatiguée, mon amie... Asseyons-nous.

— Pas là, dit Rose. Il fait trop noir.

Des craintes confuses emplissaient l'esprit de la Colombine. Elle craignait l'obscurité, la lune, les battements du cœur de Francis et du sien

Un talus sépare la route du bois qui forme élévation au-dessus de la chaussée; les bruyères ont envahi ces endroits sablonneux. Rose se laissa glisser à cet endroit que la lune éclairait. Francis s'assit à ses côtés, et quoique l'astre de la nuit semblât le regarder d'un œil froid, il prit les mains de l'actrice.

En ce moment débordèrent les plaintes et les amertumes accumulées au fond de son cœur. Plaintes et amertumes qui se traduisaient par : Que je souffre! Que je vous aime!

Rose se laissait gagner à cet appel. Elle eût voulu ne pas entendre cette voix si douce; elle eût voulu échapper à ces regards suppliants.

— Je vous en prie, Francis, disait-elle.

L'étudiant approchait des joues de la

jeune fille ses joues brûlantes. A ses pieds il murmurait :

— Il y a si longtemps que je vous aime !

— Quelqu'un ! s'écria Rose heureuse d'échapper à ce dangereux magnétisme.

Sur la route, entre les ombres immobiles des arbres, une ombre se mouvait, faisant entendre des pas sur le pavé de la chaussée.

— Eh là ! fit l'ombre.

Rose se releva vivement.

— Qu'est-ce ? reprit une forte voix que Francis reconnut.

— César ! s'écria-t-il.

Rose courut à lui.

— Nous attendons madame Lefèvre, dit-elle pour se justifier.

— Tu ne crains pas de t'enrhumer à l'humidité, ma petite ? demanda César d'un ton sardonique.

— Madame Lefèvre doit être à quelques pas, répondit Rose.

La tête basse, Francis maudissait le fâcheux.

— Vous allez à Vincennes? dit César. Moi aussi... Je ne vous gêne pas?

— Nous ferons route ensemble, reprit Rose quoiqu'elle n'éprouvât qu'une médiocre sympathie pour ce protecteur inattendu.

— Il y a longtemps que vous êtes partis? reprit le photographe.

— Un quart d'heure après le dîner, répondit Rose. Je ne voulais pas rentrer trop tard à Paris... Madame Lefèvre nous accompagnait... L'obscurité nous a séparés.

Le reste de la route parut long à Francis. Il ne parlait pas et laissait se justifier Rose, qui ne cessait d'invoquer le témoignage de son amie.

Alors César apprit à l'actrice le pied que Stauernaghel prenait dans le théâtre.

Quel coup pour Francis! Son rival directeur! Un autocrate qui n'avait qu'à faire un signe pour que les acteurs et les actrices obéissent à ses ordres!

Ce qui n'avait été jusqu'alors que jalousie légère, tissée en fils de toile d'araignée, prit la consistance d'un réseau en mailles de fer.

A partir de ce moment, Francis n'écouta plus César. Il entendait en lui de sourdes récriminations. Francis marchait sans le savoir. Il ne voyait plus et suivait machinalement.

Si l'étudiant n'eût été en proie à ce trouble, il eût aperçu à son arrivée à Vincennes, près de l'omnibus qui devait le ramener à Paris, madame Lefèvre et Baudry s'éloignant rapidement, comme s'ils craignaient d'être rencontrés.

La route se passa longue pour l'amoureux, qui attendait impatiemment le départ de César, afin de se trouver de nouveau seul avec Rose. Il semblait que le photographe s'était constitué le gardien de la Colombine, et qu'il avait pour mission d'écarter l'étudiant de l'actrice.

César reconduisit la Colombine jusqu'à son domicile, et Francis la quitta sans un de ces tendres *à demain!* que le son de voix de Rose rendait si engageants.

En entrant dans sa mansarde, Francis trouva Baudry dont la félicité débordait.

— Elle m'aime! s'écria Baudry.

L'étudiant conta longuement son bonheur et ne s'arrêta qu'en remarquant la figure sombre de Francis.

— Et toi? demanda-t-il

Francis ne répondit pas.

— Rose t'aime pourtant, reprit Baudry. Joséphine me l'a avoué...

— Elle ne m'aime pas assez, dit Francis, et il faudrait qu'elle m'aimât trop!

Alors il fit part à Baudry des modifications survenues dans la direction des Funambules et de sa fâcheuse rencontre avec César dans le bois.

— Je ne retournerai plus au théâtre! s'écria Francis.

— Et notre pantomime qui se joue demain?

— Que m'importe la pièce! J'ai la mort dans l'âme et j'apporterais dans les coulisses une mine d'homme désolé.

— Il ne faut pas perdre courage, reprit Baudry... Ne nous occupons pas de Stauernaghel pour l'instant, nous verrons plus tard... Les acteurs ne peuvent se passer de nous au moment du branle-bas... Demain, à midi, les derniers accessoires seront livrés et essayés. Joséphine m'a bien recommandé de venir... Repose-toi et prends courage. Rose a plus que jamais besoin de toi !

CHAPITRE XII

CHAPITRE XII

Une après-midi, le boulevard du Temple fut mis en émoi par les accessoires que des hommes de peine transportaient de la rue Charlot aux Funambules. Si jadis on étalait à la porte des petits théâtres, à la parade, les somptueux vêtements que les acteurs devaient endosser pendant la représentation, il était d'usage aux Funambules qu'à chaque pièce nouvelle, les décors nouveaux, les trucs et les appareils des machinistes suivissent la voie des boulevards par le plus long chemin pour arriver au théâtre. Grâce à cette innocente réclame, la renommée se répandait des dépenses que la direction avait faites pour l'ouvrage nouveau.

Tout d'abord la baleine, badigeonnée à neuf, qui n'avait pas reparu depuis la pantomime de *Jonas*, datant d'une vingtaine d'années, excita l'attention. Elle était de taille considérable et une ouverture dans une de ses faces montrait que des incidents extraordinaires se passeraient dans ses entrailles. Toutefois, les connaisseurs du café Achille, très-ferrés sur l'ancien répertoire, reconnurent la baleine qu'ils qualifiaient de « rengaîne »; mais ces esprits dénigreurs n'osèrent s'attaquer au char que portait triomphalement une escouade de machinistes.

Deux grands cygnes blancs à bec rose

étaient attelés à la machine, et sur leur col flottaient des rênes d'un bleu céleste. Les parois de l'extérieur du char étaient peintes de vives couleurs; mais l'intérieur était revêtu d'un doux duvet blanc, dû à l'assemblage d'un certain nombre de peaux de lapin.

Une même qualification traversa la pensée des curieux : *Le Char d'amour!*

Ce galant accessoire n'avait pas besoin d'étiquette. Seule une jolie femme pouvait s'élancer en un tel équipage, vers les régions célestes. Le mot *apothéose*, le plus glorieux des théâtres de féeries, circula sur le boulevard du Temple et disposa déjà le public en faveur de la pièce.

Le char, dont il avait été amplement question la veille, pendant le festin de Joinville, ne fut pas jugé par les pensionnaires des Funambules au-dessous de sa réputation.

Rarement, dans un théâtre, on avait prodigué un tel luxe de fourrures pour l'ornementation d'un accessoire.

Lui-même, Francis, malgré la jalousie qu'il nourrissait contre le tailleur, ne put s'empêcher d'admirer le joli nid fabriqué pour le triomphe de la Colombine.

Quant à Stauernaghel, il était radieux. La première œuvre à laquelle il mettait la main était véritablement réussie, et le tailleur avait besoin de l'enthousiasme des acteurs pour échapper à certaines inquiétudes.

L'entraînement du repas, la gaieté produite par les vins, l'avaient amené à signer un acte dont la teneur le faisait réfléchir actuellement.

— Mon cher associé, lui dit le directeur, recevez mes meilleurs compliments pour le char... Il est d'un goût parfait... Tout le monde en parle sur le boulevard.

— Nous sommes donc associés? demanda Stauernaghel.

— C'est vous qui me l'avez demandé.

— J'ai bien trouvé, ajouta le tailleur, un papier par lequel vous m'autorisez à vous présenter de nouvelles féeries.

— Et vous ne vous êtes pas tenu pour satisfait... Il vous a fallu le théâtre tout entier... C'est trop légitime d'ailleurs... Coopérant directement à la fortune d'une entreprise, vous devez en recueillir les fruits.

— Je croyais avoir rêvé, quand j'ai retrouvé ce traité dans ma poche. Deux cent mille francs à payer!

— Dans la quinzaine, répondit froidement le directeur.

— Mais que diront mes commanditaires quand je demanderai à distraire une pareille somme de la caisse de la maison?

— Vous leur montrerez le char.

— Le char ne suffira pas, dit Stauernaghel perplexe.

— Cher monsieur, quand un homme étranger jusqu'alors aux choses du théâtre débute en concevant un pareil accessoire, on sent qu'il a été poussé dans la carrière dramatique par un instinct contre lequel il n'y a pas à lutter.

— Sans doute, mais deux cent mille francs!

— Vous verrez les recettes qu'amènera le char.

— Les affaires sont si dures actuellement!

— Avec le char les recettes rouleront... Songez à la jolie petite Rose, quand elle prendra possession de son équipage.

Tous les gens du théâtre étaient rassemblés autour de l'accessoire dont ils admiraient la merveilleuse ordonnance.

Rose arriva, à qui ses camarades dirent :

— C'est pour toi.

La Colombine sauta d'un bond dans le char et s'étendit sur les fourrures comme si elle allait faire un tour de bois, l'hiver, dans sa calèche.

— Est-elle assez jolie! souffla César à l'oreille du négociant, qui oublia momentanément la brèche faite à l'Avoir de la maison Stauernaghel et Cie.

Le photographe prit le tailleur à part.

— Ce soir, dit-il, vous soupez au restaurant du notaire avec Rose.

— Vrai? s'écria Stauernaghel, n'osant croire à son triomphe.

— Un auteur ne peut terminer la soirée qu'en compagnie de son actrice. Rose est prévenue.

La vérité est que César avait dit à la Colombine :

— Ce soir *on* soupe chez Passoir, c'est entendu.

Rose avait accepté, croyant que toute la troupe était invitée comme la veille.

Ce qui arriverait, César ne s'en inquiétait plus. Il avait palpé, sur la vente faite à Stauernaghel, une prime de cinq mille francs promise par le directeur, d'entente avec lui.

La Colombine était trop touchée des attentions de Stauernaghel pour refuser. Ces personnages mûrs qui forment ombre à la beauté et que, dans leur ignorance de la vie, les jeunes gens jugent ridicules, remplacent les agréments de la physionomie et établissent un pont entre les âges, grâce à des soins et des prévenances inconnus à ceux qui n'ont pour tout apport que l'amour.

Le tailleur était solennel et grotesque. Mais Rose avait trouvé dans sa loge, en arrivant à midi, un joli maillot de soie d'une étoffe moelleuse, qui faisait paraître ignoble le maillot d'acrobate auquel l'administration avait jusque-là condamné l'actrice.

Si, dans les coulisses, la réputation d'auteur de M. Stauernaghel s'affirmait difficilement, sa pénurie d'imagination était oubliée grâce à ce maillot, bien plus encore que par le triomphant équipage attelé de cygnes blancs.

Rose songeait combien elle serait séduisante dans son costume de satin cerise, qui se détacherait sur la fourrure blanche de la machine. D'ailleurs, Stauernaghel n'était pas exigeant. Il se contenta de rôder autour de l'actrice en la regardant avec ses gros yeux; mais en sa qualité de directeur, que n'était-il pas permis d'attendre de celui qui déjà prodiguait l'argent pour la plus grande gloire du théâtre, et qui certainement ne lésinerait ni sur le velours, ni sur les rubans, ni sur les étoffes?

Francis ressentit ces courants à la répétition et fut pris d'un abattement que combattait difficilement madame Lefèvre. Elle était femme et démêlait ce qui se passait dans le cœur de la Colombine.

— Je ne sais ce qu'a Rose, dit-elle à Baudry, sans vouloir trahir son amie.

Pour Francis, elle lui recommandait de prendre courage jusqu'à la représentation.

CHAPITRE XIII

CHAPITRE XIII

Ceux qui n'ont pas assisté à la première représentation des *Fantaisies de Colombine* regretteront, si le conteur est à la hauteur de sa mission, cette soirée qui compte dans une vie bien remplie.

Rien que la salle offrait un aspect intéressant par l'ensemble de personnages honorables qui avaient pu y pénétrer.

Stauernaghel avait eu le courage de garder le secret sur sa tentative dramatique pendant les six mois de l'élucidation de la féerie.

Quand la pièce fut montée et qu'aucun obstacle ne parut devoir l'arrêter, le nouveau directeur rencontra son confrère Jaccober, un des plus célèbres tailleurs de la galerie vitrée, au Palais-Royal.

— Comment vont les affaires? lui demanda celui-ci.

Stauernaghel le regarda avec un sourire méprisant.

— Les affaires! dit-il. Je vais faire jouer une pièce.

Jaccobor était un négociant sérieux, qui ne croyait qu'aux pièces de drap.

— Une pantomime au théâtre des Funambules, reprit Stauernaghel. Et j'ai pour la jouer une petite actrice, une perle!... Vous la verrez.

Jaccober, fort occupé de son commerce,

n'eût pas pris un vif intérêt à cette nouvelle; mais à l'entretien vint se mêler le vieux Neumann qui, chaque jour, battait Paris et courait tous les marchands drapiers, achetant des soldes pour satisfaire les goûts variés de sa clientèle des colonies.

Neumann fit circuler la nouvelle de la *bedide bandomime* de Stauernaghel dans les diverses industries qui se rattachent à l'art de la coupe des habits; il n'en fallait pas plus pour que la colonie germanique des tailleurs de Paris apprît avec stupéfaction qu'elle comptait un auteur dramatique dans son sein.

Les uns secouèrent la tête; d'autres haussèrent les épaules. C'étaient pour la plupart des gens pratiques, fils d'Israël, suivant la ligne droite pour faire fortune. Ils n'envisageaient pas absolument le théâtre comme une combinaison pouvant concorder fructueusement avec la confection des habits. Toutefois Stauernaghel montrait une telle confiance, que ses confrères voulurent se rendre compte de l'événement.

Il y eut ce soir-là aux Funambules un parterre de tailleurs, de même que Talma avait joué devant un parterre de rois.

Les chroniqueurs de l'époque se montraient à l'orchestre le fameux Zauendorf, de la cour Batave, qui ne comptait pas moins de neuf enfants et qui les avait tous amenés. A côté de Zauendorf on remarquait Arfvidssohn, dont la spécialité était l'habit civil et militaire. Les commis de la maison Baracco, de la rue Saint-Denis, étaient venus pour applaudir la pièce, grâce aux billets que Stauernaghel leur avait délivrés généreusement, ainsi qu'aux employés de la maison Calcar, du passage du Caire. Le costumier des cours et tribunaux, Maumus, s'entretenait avec Martin-Kremer, un artiste merveilleux pour les reprises perdues dans les draps et particulièrement les tapis de billards.

Mais ces négociants n'étaient que de seconde catégorie à côté des maîtres qui occupaient les loges du balcon avec leur famille. A ces places rivalisaient de tenue : Quickelbor, fournisseur de la reine de Suède, Scharffenberzer, qui venait d'obtenir à l'exposition universelle une médaille de vermeil grand module, pour la coupe de ses costumes de cour.

Bloch et Isidor, qui avaient associé leurs talents pour la confection des habits d'amazones, étaient non loin de Pharo, le tailleur attitré des princes de Holstein et de Luxembourg.

Peu de cours, de hauts dignitaires, de prélats qui ne fussent représentés dans l'assemblée par ceux qui avaient l'honneur de les vêtir. Loustaunau, le tailleur de la Chambre des députés, occupait le fond de la loge au-devant de laquelle se prélassait Veissmuller, fournisseur de l'ambassade d'Angleterre. Kling, réputé pour la coupe de ses gilets, semblait une enseigne vivante de ses produits, dont il faisait valoir les avantages, les pouces dans les entournures; à côté de lui, Troegeler, court et mal bâti, ne semblait pas l'artiste qui avantageait les cavaliers par ses pantalons renommés.

Sans doute le Jockey n'avait pas envoyé une députation pour assister à la tentative dramatique de Stauernughel; mais n'était-ce pas déjà presque un membre du célèbre club que le fameux Trotrot, fournisseur des écuries du duc d'Orléans?

Le vaudeville habituel se joua devant ce public d'élite, et les acteurs crurent un moment que le roi Louis-Philippe venait d'entrer dans l'avant-scène de droite, car un murmure flatteur accueillit le personnage qui n'était autre que le fameux Staub, alors dans toute sa gloire.

Staub s'inclina en remercîment de l'ovation qui lui était faite par ses collègues ; mais pendant l'entr'acte toutes les têtes se tournèrent vers l'avant-scène de gauche. Humann, le grand Humann lui-même, daignait honorer la représentation de sa présence.

On vit alors Stauernaghel se glisser, pendant l'entr'acte, de loge en loge, serrer la main à ses confrères, les prier d'avoir de l'indulgence pour ses débuts et recommander Rose.

La corporation des tailleurs en conclut qu'il y avait là une de ces liaisons de théâtre communes entre l'auteur et l'actrice.

Stauernaghel, frappant ses mains l'une contre l'autre, disait :

— Surtout, je vous en prie, chauffez le char au dénoûment.

Les confrères de Stauernaghel jugèrent que l'industriel était perdu. Vaniteux, portant trop haut la tête pour la position qu'il occupait, sans doute le tailleur ne marchait qu'en troisième ligne dans les rangs de la haute fabrication parisienne; mais à part ces légers travers, Stauernaghel, réputé comme un loyal négociant, avait mérité à diverses reprises les honneurs du syndicat, et chacun trouvait qu'il y avait abaissement à s'enrôler dans le camp des auteurs dramatiques, gens que les tailleurs tiennent en médiocre estime, le crédit affecté à cette classe étant d'un recouvrement problématique.

Cependant les trois coups venaient d'être frappés par le gourdin solennel du régisseur, et ces trois coups pénétrèrent au plus profond de l'âme des divers intéressés.

Dans une coulisse se tenaient Francis et Baudry; dans celle qui faisait face, Stauernaghel et César. Quelques étudiants pour protéger la pièce en cas de secousses, la présence des époux Carcassonne n'équivalaient pas à l'honorable assemblée de tailleurs que, des coulisses, on pouvait contempler dans les personnes de l'illustre Staub et du célèbre Humann.

Ces deux artistes, à qui leur contact avec la fashion avait épuré le goût, devaient servir de thermomètre du succès à Stauernaghel. Ils restèrent froids pendant les premiers tableaux : en relation avec les gens distingués du grand monde parisien, Humann et Staub en avaient pris le poli sceptique.

La baleine n'eut pas d'ailleurs le succès sur lequel avait compté le trop économe directeur. La salle désapprouva l'introduction de ce mammifère dans le drame : ses grandes ouïes mobiles, que deux gamins faisaient manœuvrer à la sueur de leur front, furent jugées dépourvues d'intérêt, et quand le fils du roi fut avalé par l'animal, un rire moqueur partit d'un coin de la salle où le petit Faucheux mal placé avait profité de l'ombre pour lancer un méprisant : *C'est assez, baleine!*

Dans cette œuvre dramatique qui avait passé par trop de mains, le public sentait vaguement (celui-là surtout qui était spécial) que les auteurs n'avaient pas taillé en pleine étoffe et que des morceaux de diverses natures étaient cousus un peu légèrement.

Heureusement la gentillesse de Rose corrigea cette première impression. Sur un canevas médiocre elle avait brodé des dessins capricieux, et Stauernaghel put constater le bon effet que produisit la Colombine sur Humann. Quant à Staub, il braquait son énorme lorgnette d'Opéra et ne quittait pas des yeux la petite danseuse.

De la coulisse, Francis criait à la Colombine : « Bravo! très-bien! »

Rose sentit ce jour-là qu'elle devenait l'étoile de l'endroit. Chacune de ses entrées provoquait un mouvement flatteur qui soutient mieux l'acteur que de bruyants applaudissements.

Il est des moments dans la vie artistique où le comédien se transfigure et devient immatériel. Rose était tout âme. Son enveloppe, elle ne la sentait plus. Elle ne voyait ni spectateurs, ni décors, ni coulisses, ni rampe; ses pieds touchaient à peine le plancher. L'actrice se donnait tout entière à une foule enthousiaste et faisait des prodiges pour répondre à cette universelle sympathie. Comme le jeune Hamlet, elle était devenue visionnaire, et s'efforçait d'amener un sourire sur les lèvres de l'ombre blanche de son maître Deburau, qui semblait l'encourager.

Les prodiges que Rose accomplit dans cet état, ses camarades eux-mêmes en furent étonnés; ils n'avaient qu'une parcelle bien faible de la flamme intérieure qui soutenait l'actrice et qui lui eût permis de sauter d'un cinquième étage en retombant sur ses pointes.

— Il faut prendre garde à ton emportement, Rose, lui dit dans la coulisse le vieux Cassandre, qui se frottait les reins après avoir été renversé par la Colombine.

Elle regardait en souriant sans comprendre.

Mais le véritable succès fut le pas trouvé

par la danseuse. Cassandre arrosait les fleurs de son jardin et Rose tournoyait autour de lui, plus légère que les gouttes d'eau.

Humann, qui suivait assidûment les représentations de l'Opéra, donna lui-même le signal des applaudissements, et la salle partagea son enthousiasme pour ce pas entièrement nouveau.

A cinq reprises différentes le public fit revenir la Colombine, l'accablant de bouquets et d'oranges. On avait rarement vu semblable ovation aux Funambules. Le pas de l'arrosoir devenait la pièce; toute la pantomime était là.

Francis ne se tenait pas de joie. Il eût voulu sauter au cou de Rose, la remercier de l'interprétation de cette scène dont lui seul était le créateur. Il avait même fallu lutter avec le régisseur pour que ce motif ne fût pas coupé.

Pour madame Lefèvre, elle déployait sa majesté habituelle. Elle fut toutefois troublée dans son combat contre quatre estafiers par la vue de Baudry dans les coulisses, et le chef d'orchestre constata avec stupéfaction qu'à deux reprises différentes elle avait manqué la mesure. L'art n'admet pas de partage. La présence de Baudry nuisait d'autant plus aux étincelles que la fée tirait de la hache contre les sabres de ses agresseurs, qu'à l'orchestre l'actrice voyait, comme le symbole du remords, son mari, M. Lefèvre, étonné de semblables défaillances dans le jeu d'une femme rompue depuis vingt ans à de semblables exercices.

Une émotion considérable s'était emparée de Francis, partagé entre le succès de sa pièce et celui de Rose. Lancée dans l'action, la Colombine, oubliant l'étudiant, n'avait d'yeux que pour cette salle bondée de tailleurs enthousiastes.

Tout à coup Francis pâlit. Rose ne portait pas la bague qu'il lui avait donnée !

L'étudiant enveloppa d'un regard soupçonneux la danseuse, et la vue de son maillot de soie éblouissant lui rappela la conversation qu'il avait eue la veille avec le directeur. Qui avait fait cadeau à Rose d'un vêtement de théâtre interdit à ses ressources? Pourquoi ne portait-elle plus la bague?

Dans tout ceci se manifestait la fatale influence de Stauernaghel, un rival qui apparaissait les mains pleines de trésors, quand lui Francis n'était riche que de sentiments délicats.

Blessé d'avoir sans cesse l'odieux tailleur sous les yeux, Francis quitta la coulisse et passa derrière la toile de fond, ne s'inquiétant plus du succès de la pièce, en proie à des projets vagues et menaçants, lorsque tout à coup il entendit un murmure de voix près de la toile.

— Petite Rose, disait la voix, à ce soir!

Francis sortit de sa retraite. La Colombine était déjà en scène et Stauernaghel, disparaissant par l'escalier de communication entre la scène et la salle, pénétrait dans la loge de Staub.

Désireux de voir la scène dans son ensemble, Stauernaghel demandait à son confrère la permission d'occuper une place derrière lui, afin de mieux juger l'effet de l'apothéose.

Jaloux des succès de son rival, Francis n'osait plus se montrer. Machinalement, et sans se rendre compte où ses pas le portaient, il descendit l'escalier qui conduit dans le dessous du théâtre. L'amoureux cherchait l'ombre et le silence.

Sous le théâtre se préparaient les magnificences du dernier tableau.

Le char était attelé avec les cygnes. A quelques pas se balançaient les nuages qui devaient enlever la fée, servant d'avant-garde à Colombine et à Arlequin dans la région des voies célestes.

Les machinistes se tenaient à leur poste.

— Eh bien! M. Francis, dit l'un d'eux, j'espère que vous êtes content, tout va bien.

On entendit un bruit sourd au-dessus du plancher. C'était le changement de décor de l'avant-dernier tableau.

— Au char! cria de la scène le machiniste en chef dans un porte-voix chargé de communiquer ses ordres aux gens du dessous.

Une trappe s'ouvrit et Rose descendit.

— Vous ici, Francis? dit-elle.

— Vous m'avez fait bien mal pendant

cette représentation! s'écria le pauvre amoureux.

— Mademoiselle Rose, dit un machiniste, montez dans le char!

Une nouvelle trappe s'ouvrit et madame Lefèvre apparut.

— Vite, au nuage! cria le porte-voix.

— Et ma bague! demandait Francis à Rose, qu'avez-vous fait de ma bague?

Une troisième trappe laissa passer l'Arlequin.

En ce moment, le machiniste fit entendre un juron formidable.

— Le gaz! s'écria-t-il. Qui est-ce qui a éteint le gaz?

Le dessous du théâtre venait d'être plongé, comme par enchantement, dans la plus complète obscurité.

— Rose, je t'aime! disait Francis tenant serrée contre lui la Colombine.

— Au char! répéta le porte-voix du dessus.

— Rose, où es-tu? demandait l'Arlequin qui se cognait la tête contre la forêt de poutres soutenant le plancher.

— Au char! enlevez le char! hurla le porte-voix exaspéré.

— Je ne peux plus vivre sans toi, Rose! disait l'étudiant.

— Je t'en prie, Francis, laisse-moi.

Une ouverture qui se produisit dans le plancher laissa passer un filet de lumière. Une salve d'applaudissements accueillit les nuages sur lesquels se tenait triomphalement la fée bienfaisante.

A cet instant le public fut pris d'un émoi considérable. A des jurons se mêlaient des cris suppliants de l'Arlequin, qui voyait s'enlever le char où sa place était marquée à côté de la Colombine.

Quelque fait bizarre se passait à l'intérieur des coulisses, dont les spectateurs devaient avoir bientôt l'explication.

Dans le char, à côté de la Colombine, habillée de velours et de soie, se tenait aux pieds de l'actrice un jeune homme pâle, en vêtements noirs, sans rapport avec le costume de l'Arlequin.

— Francis ! s'écria madame Carcassonne.

Stauernaghel poussa un cri de détresse.

— Au char ! au char ! hurla le machiniste, comme s'il avait poursuivi un animal enragé.

Stauernaghel, qui était derrière Staub dans sa loge, ne put se contenir et, pour mieux se rendre compte de l'incident, se courba sur l'illustre tailleur sans prendre garde qu'il l'étouffait.

— Au rideau ! s'écria Stauernaghel pour faire cesser un tel scandale.

Un cri partit de l'orchestre des musiciens. Staub, écrasé par Stauernaghel, avait laissé tomber sa lorgnette sur le crâne de la clarinette.

Cependant le char s'élevait toujours vers les calmes régions de l'Empyrée.

— Au rideau! criait hors de lui Stauernaghel, dont le buste considérable, sortant plus qu'à demi de la loge, jetait l'effroi parmi les musiciens qui craignaient la chute de ce corps, bien autrement désastreuse que celle de la lorgnette de Staub.

Les démons du paradis poussaient d'effroyables hurlements et invectivaient Stauernaghel, le regardant comme le principal auteur du désordre. Ils réclamaient leur argent ou les flammes de l'apothéose, que le régisseur avait oublié d'allumer pendant ce désastre.

Alors apparut, se cramponnant aux planches, à la force du poignet, l'arlequin Cossart qui, n'ayant pu prendre sa place traditionnelle dans le char, menaçait Rose et Francis de sa batte.

Au même moment faisait irruption sur la scène un groupe de machinistes, quoiqu'ils n'eussent pas qualité pour se mêler aux solennités du dénoûment.

— Eustache, cria le chef de la machination avec un souffle assez furibond pour crever le porte-voix, descends le char.

— Le char! le char! clamait la foule des spectateurs.

Le régisseur, traînant deux pompiers sur la scène, leur montrait, en crispant les poings, le char qui toujours s'enlevait. Dans son indignation, M. Charles eût fait volontiers jouer les pompes pour éteindre les feux des deux amants.

— Et c'est pour nous montrer de pareilles choses, s'écria M. Carcassonne, que Francis nous a fait venir?

Enfin, le char disparut dans les frises aux huées de toute la salle.

Baudry, pressentant l'issue de ce scandale, avait gagné les combles du théâtre.

— Qu'est-ce qui leur prend avec le char? demanda Eustache, troublé par les effroyables hurlements du porte-voix de son chef.

— Vite, descendez les nuages, dit Baudry... On rappelle madame Lefèvre.

— Sauve-les, dit Baudry à la fée.

Un immense cri de satisfaction parti de la salle accueillit les nuages qui émergeaient des frises.

Jetant son paletot sur les épaules de Rose et lui couvrant la tête de son chapeau, Baudry poussa l'actrice et Francis vers un petit escalier de dégagement conduisant dans la cour du théâtre.

— Partez! il n'est que temps, dit Baudry.

Au moment de satisfaction qui avait accueilli les premières agrégations de nuages, succéda une effroyable tempête quand madame Lefèvre parut seule, au lieu de Rose et de son complice qu'attendait sur la scène le commissaire de police pour verbaliser contre les complices des troubles de cette représentation.

Pour la première fois les auteurs de la pièce nouvelle ne furent pas nommés, et la foule s'écoula agitée, commentant ce singulier événement où était apparu, au milieu du monde surnaturel, un être bizarre qui ne craignait pas de prodiguer en public des marques de tendresse à une actrice, et qui rompait par là l'illusion indispensable à toute œuvre dramatique.

— Je m'en doutais bien, dit M. Carcassonne à sa femme, que les prodigalités de Francis lui porteraient malheur... Je n'ai absolument rien compris à la pièce.

— Ce sont les *Fantaisies de Colombine*, ajouta madame Carcassonne.

FIN

PARIS. — IMPRIMERIE DE E. MARTINET, RUE MIGNON, 2.